DIE ANFÄNGE

DER

RECHTSSCHULE ZU BOLOGNA

VON

HERMANN FITTING.

BERLIN UND LEIPZIG.
VERLAG VON J. GUTTENTAG
(D. COLLIN).
1888.

DER

UNIVERSITÄT ZU BOLOGNA

AUS ANLASS DER FEIER

IHRES

ACHTHUNDERTJÄHRIGEN

BESTEHENS.

Inhalt.

Vorwort.

Die Universität zu Bologna schickt sich an, ein Fest zu begehen, wie es in der Geschichte der Universitäten noch nicht gefeiert worden ist, das Fest ihres achthundertjährigen Bestehens. Sie verfährt dabei noch sehr bescheiden. Denn sie rechnet ihr Dasein der üblichen Anschauung gemäfs erst von dem muthmafslichen Zeitpunkte des Beginns der juristischen Lehrthätigkeit des Irnerius als des eigentlichen Anfangs der berühmten Rechtsschule, welcher Bologna seinen Glanz und seine weltgeschichtliche Bedeutung verdankt. Nun ist aber nachweislich schon vor Irnerius zu Bologna das Recht gelehrt worden; Irnerius selbst war vor seinem Auftreten als Rechtslehrer schon Lehrer der freien Künste gewesen, und die Spuren einer bereits bestehenden, der Studien halber auch aus weiterer Entfernung besuchten Hochschule zu Bologna lassen sich sogar bis um das Jahr 1000 zurückverfolgen, so dass die dortige Universität sehr füglich auch zu einer neunhundertjährigen Jubelfeier berechtigt sein würde.

Ist nun schon das Heidelberger Jubelfest überall auf der Erde, wo Gebildete wohnen, lebendigster Theilnahme begegnet, so darf die Bologneser Feier vollends den Anspruch erheben, sich zu einem Feste der gesammten gebildeten Welt zu gestalten. Nicht nur wegen des so ungleich höheren Alters der Bologneser Hochschule, sondern auch und vornehmlich, weil diese Hochschule in noch weit stärkerem Mafse als ihre gepriesene Schwester am Neckar und Jahrhunderte hindurch eine Welthochschule gewesen ist. Lange bevor in Deutschland Universitäten entstanden, war sie der Sitz des Rechtsstudiums für Wissbegierige aus allen Ländern Europa's; ihre Arbeit hat für alle späteren Zeiten der Rechtswissenschaft die Bahnen vorgezeichnet, durch ihren Einfluss ist das Justinianisch-römische Recht zum modernen Weltrechte geworden. Ganz besonders bedeutend ist aber die Einwirkung, welche sie auf die Entwickelung des Rechtszustandes in Deutschland und damit auf den gesammten Gang der deutschen Geschichte geübt hat. Ferner bildete die deutsche »Nation« einen sehr wichtigen Bestandtheil der Bologneser Studirenden, dessen Werthschätzung von Seite der Stadt die ihm gewährten Vorrechte beweisen.

So wird es wohl nicht als Anmafsung betrachtet werden können, wenn neben theils schon erschienenen, theils noch in Aussicht stehenden Schriften italienischer Gelehrten, welche aus Anlass des Bologneser Festes die bisher immer noch mythischen Anfänge der dortigen Rechtsschule in das klare Licht der Geschichte zu rücken suchen, auch die verwandte Arbeit eines Deutschen auftritt. Zur weiteren Entschuldigung derselben mag aber noch bemerkt sein, dass sie hauptsächlich durch die Aufforderung eines italienischen Freundes hervorgerufen worden ist, welcher sogar dem Verfasser schrieb, dass man bei dieser Gelegenheit eine solche Arbeit von seiner Seite erwarte. Und in der That muss zugegeben werden, dass einem Schriftsteller, welcher seit Jahren die herrschenden Ansichten von der Stellung der Bologneser Schule in der Geschichte der Rechtswissenschaft als unhaltbar bekämpft hat, gerade jetzt die Verpflichtung obliegt, diese Stellung von seinem Standpunkte näher zu kennzeichnen, und dass ein gewisses Recht besteht, den Umstand, ob das in befriedigender Weise gelingt oder nicht gelingt, auf das Urtheil über die Richtigkeit jenes Standpunktes selbst mitbestimmend einwirken zu lassen.

Musste aber demnach die Aufklärung des Verhältnisses der Bologneser Rechtsschule zu dem Betriebe des Rechtes in der Zeit vor ihrem Auftreten als die Hauptaufgabe der vorliegenden Arbeit erscheinen, so liefs sich, da die letztere zufolge ihres Anlasses wohl auch auf Leser rechnen darf, welche den Forschungen auf diesem Gebiete nicht fortlaufend gefolgt sind, ein näheres Eingehen auf den Stand und die Geschichte der Rechtswissenschaft in jenen früheren Jahrhunderten nicht vermeiden. Hiemit war denn zugleich die Nothwendigkeit verbunden, manches zu wiederholen, was von Anderen und von mir selbst schon früher beigebracht oder ausgeführt worden ist. Doch wird es vielleicht auch Denjenigen, welche jenen Forschungen nahe stehen und sich selbst daran betheiligt haben, nicht unerwünscht sein, die Früchte der bisherigen Arbeiten in geordneter Zusammenfassung überblicken zu können, zumal da dem bereits bekannten doch fast überall auch ein und das andere neue beigefügt werden konnte, welches nur im Zusammenhange des Ganzen zu richtiger Würdigung gelangt. Weil es aber für die diesmal verfolgten Zwecke nicht unbedingt auf Vollständigkeit ankam, so ist bei der Darstellung der Zustände vor dem Auftreten der Bologneser Schule nichts berücksichtigt worden, was nicht sicher steht oder doch mindestens als sehr wahrscheinlich angesehen werden darf. Der Leser sollte überall möglichst nur die eindringliche und überzeugende Sprache der Thatsachen hören, welche bereits zahlreich genug zu Gebote stehen, um für sich allein und ohne die Hülfe von Hypothesen eine lückenlose Kette zu bilden.

Die vorhandene Literatur ist, soweit sie mir bekannt und zugänglich war, benutzt worden. Blofs mit den Namen der Verfasser sind angeführt die grundlegenden Werke von Sarti, De claris archigymnasii Bononiensis professoribus a saeculo XI. usque ad saeculum XIV. Tomi I. Pars I. (Bononiae 1769) und von Savigny, Geschichte des Römischen Rechts im Mittelalter. 2. Ausgabe (Heidelberg 1834—1851). Mit der Abkürzung: »Ztschr. d. Sav. Stift.« ist die Zeitschrift der Savigny-Stiftung für Rechtsgeschichte (Weimar 1880 ff.) gemeint. Andere Abkürzungen und Anführungen von Schriften nur mit den Namen der Verfasser sind aus dem Zusammenhange klar.

Erster Abschnitt.

Der Betrieb des Rechtes vor dem Auftreten der Bologneser Schule.

I. Von der Entstehung der Bologneser Rechtsschule, mit welcher man eine völlige Neubelebung des römischen Rechtes und der Rechtswissenschaft in unmittelbarsten Zusammenhang brachte, hatte man früher und noch bis in unser Jahrhundert herein sehr allgemein die folgende Vorstellung. In den ersten Zeiten des Mittelalters sei das römische Recht und die Justinianische Gesetzgebung Jahrhunderte lang völlig unbekannt gewesen. Erst im zwölften Jahrhundert unter dem Kaiser Lothar II. sei es zufällig bekannt geworden dadurch, dass die mit dem Kaiser verbündeten Pisaner Amalfi erobert und dort die kostbare, jetzt zu Florenz befindliche Pandektenhandschrift erbeutet hätten. Diese Handschrift habe ihnen Lothar zum Lohn für die geleisteten Dienste geschenkt; zugleich aber habe er auf den Rath des Irnerius, welcher zufolge seiner früher zu Constantinopel getriebenen Rechtsstudien die Bedeutung des Fundes begriffen, durch ein Edict verordnet, dass das römische Recht überall gelehrt und von den Gerichten angewendet werden solle. Irnerius selbst habe zu Bologna mit der Lehre und wissenschaftlichen Bearbeitung desselben den Anfang gemacht und so die dortige Rechtsschule sowie die moderne Rechtswissenschaft gegründet.[a]

[a]) So wird der Hergang, und zwar wie etwas ganz feststehendes und mit Berufung auf viele ältere Schriftsteller, dargestellt in dem viel

II. Es ist Savigny's unvergängliches Verdienst, diese Auffassung, welche freilich mit seiner Grundansicht von der Entstehung des Rechtes in unversöhnlichstem Widerspruche stand, in seinem Hauptwerke, der meisterhaften Geschichte des Römischen Rechts im Mittelalter, so gründlich und so vollständig als geschichtlich unhaltbar erwiesen zu haben, dass sie seitdem allerseits aufgegeben ist. Das vermeintliche Gesetz Lothar's, welchem das römische Recht seine Geltung im modernen Europa verdanken sollte, gehört nur der Fabel an. Auch brauchte das römische Recht gar nicht neu eingeführt zu werden, denn es hat, wie von Savigny in den beiden ersten Bänden seines Werkes unwiderleglich dargethan, zu allen Zeiten des Mittelalters in Geltung und lebendiger Anwendung gestanden. Nicht minder waren seine Quellen

---

benutzten Werke des englischen Juristen Duck, De usu et authoritate juris civilis Romanorum (Lips. 1668) lib. I. cap. V. §§. XI—XIV. Die Lehrthatigkeit des Irnerius, welchen Duck mit Berufung auf die Urs-perger Chronik eine hohe Stellung am Hofe der »Kaiserin« Mathilde und im Rathe des Kaisers einnehmen lässt, begann nach ihm um das Jahr 1150. Aehnlich ist die Darstellung in dem alteren Werke des italienischen Juristen Guido Panzirolus († 1591): De claris legum interpretibus (ed. I. Venet. 1637) lib. II. cap. XIII. Jedoch wurden nach seinem Berichte die Justinianischen Rechtsbücher oder doch mindestens der Codex in einer alten Bibliothek zu Ravenna gefunden, und vor Irnerius, welcher nach ihm um 1190 zu Bologna starb, lehrte schon Pepo zu Bologna das romische Recht, freilich mit geringem Beifall. Als erster Urheber dieser handgreiflich falschen Ansichten wird von Savigny (III. §. 35 not. a) Sigonius angegeben; eine weitere Verfolgung derselben konnte kaum einen Werth haben. Ich halte mich aber fur berechtigt, sie als früher sehr allgemeine zu bezeichnen, weil sie in dem gründlichen Werke der Benedictiner: Histoire litéraire de la France t. VII. (1746) §. CLXXXV (p. 151) als die herrschenden behandelt und in der von Mitgliedern der Académie des Inscriptions et Belles-Lettres verfassten Fortsetzung desselben t. XIV (1807) p. 27, t. XV (1820) p. 27 ohne jede Aeufserung eines Zweifels vorgetragen werden. Letzteres darf billig Wunder nehmen, weil im siebenten Bande des Werkes an der angeführten Stelle bemerkt ist, die Entdeckung der Justinianischen Rechtsbücher, auf welche man die Erneuerung des Studiums der Rechtswissenschaft zurückführe, und welche man an den Anfang des 12. Jahrh. setze, müsse aus zwingenden, zum Theil angegebenen, Gründen mindestens um ein ganzes Jahrhundert hinaufgerückt werden.

zu allen Zeiten bekannt, und zwar sowohl das sog. westgothische Breviar, als die Stücke der Justinianischen Gesetzgebung.[a] Endlich kann die Erbeutung der Pandekten bei der Erstürmung von Amalfi durch die Pisaner, selbst wenn man sie nicht mit Savigny (III. §§. 36—38) für eine blofse Sage hält, schon deswegen nicht den Anstofs zu der juristischen Lehrthätigkeit des Irnerius gegeben haben, weil jenes Ereigniss in das Jahr 1135 oder 1136 fällt, also in einen Zeitpunkt, zu welchem Irnerius sicher gar nicht mehr lebte.[b]

Aber damit noch nicht genug. Savigny zeigt sogar, dass nicht einmal jene Lehrthätigkeit des Irnerius, und eben so wenig seine literarische Beschäftigung mit der Justinianischen Gesetzgebung etwas geschichtlich neues war. Er hält es für sehr wahrscheinlich, dass schon vor der Bologneser Rechtsschule eine solche zu Rom, für gewiss, dass im 11. Jahrhundert eine zu Ravenna bestand (I. §. 138, IV. §§. 1, 2). Selbst in Bologna sei schon vor

---

a) Man vergleiche die beiden ausführlichen Quellenverzeichnisse bei Savigny II. Anhang II. Dass auch die Pandekten jederzeit bekannt, wenngleich bis gegen Ende des 11. Jahrhunderts verhältnissmäfsig wenig benutzt waren, habe ich in der Zeitschr. d. Sav. Stift. VI. Rom. Abth. S. 110 ff. gezeigt. Zu den dort beigebrachten Beweisen tritt jetzt noch die Benutzung der Pandekten in den von Chiappelli herausgegebenen Glossen der dem 10. Jahrh. angehörenden Pistoieser Handschrift des Codex hinzu. Vgl. Zeitschr. der Sav. Stift. VII. Rom. Abth. Heft 2 S. 13 und VIII. Rom. Abth. S. 96 fg. Eine neue Verstärkung erhalten sie durch Conrat's Bekanntmachung eines in einer Handschrift des British-Museums aus dem Anfange des 12. Jahrh. enthaltenen Auszuges aus den Pandekten und den Institutionen, woraus die in Ivo's Decret enthaltenen Pandektenstellen entnommen sind. Da es die Angaben Conrat's wahrscheinlich machen, dass in Ivo's Decret der Auszug durch Vermittelung einer anderen Abschrift benutzt ist, als in der genannten Handschrift, so darf man annehmen, dass er schon in einer früheren Zeit des 11. Jahrh. vorhanden war. Jedenfalls aber beweist er augenscheinlich, und darauf kommt es hier hauptsächlich an, dass auch die Pandekten schon vor Irnerius bekannt waren und im Gebrauche standen. Vgl. Conrat, Der Pandekten- und Institutionenauszug der britischen Dekretalensammlung Quelle des Ivo. Berlin 1887.

b) Denn er wird zuletzt in einer Urkunde von 1125 erwähnt. S. u. XLIV.

Irnerius in der zweiten Hälfte des 11. Jahrhunderts das Recht gelehrt worden (IV. §. 3). Auch lasse sich nicht verkennen, dass in mehreren grammatischen Schulen des 7.—11. Jahrhunderts als eine neue Einrichtung das römische Recht als Stück der alten Literatur unter die Lehrgegenstände aufgenommen worden sei (I. §§. 134, 135). Desgleichen sei dieses Recht zu allen Zeiten in Schriften bearbeitet worden (III. §. 32), und mehrere dieser vor dem Auftreten der Bologneser Schule entstandenen Schriften, wie namentlich die Exceptiones Legum Romanorum des Petrus und der möglicherweise auch noch hierher zu rechnende Brachylogus, hätten sogar ein entschieden wissenschaftliches Gepräge (II. §§. 50, 52; §§. 91, 92).

Man sollte denken, hienach hätte Savigny, welcher ja zudem überall auf das entschiedenste das Gesetz der stetigen und allmählichen geschichtlichen Fortentwickelung vertrat und plötzliche, unvermittelte Sprünge in der Geschichte mit Recht eben so wenig wie in der Natur anerkannte, mit der erwähnten früheren Meinung auch insofern, als sie mit dem Auftreten des Irnerius erst wieder eine Rechtswissenschaft beginnen liefs, gründlich brechen müssen und in den Leistungen des Irnerius und seiner Nachfolger vielmehr nur eine geschicktere und bessere Weiterfuhrung der älteren wissenschaftlichen Arbeit erblicken dürfen. Allein hier bewährte sich die Richtigkeit seiner Ansicht von dem Wesen der Geschichte in merkwürdiger Weise an ihm selbst. Denn es lässt sich in der That nur aus den unbewusst auf ihn wirkenden Einflüssen der früheren Vorstellung begreifen, wenn er in diesem Stücke an ihr festhielt und trotz des für jeden unbefangenen Blick augenscheinlichen Widerspruches mit jenen von ihm selbst festgestellten geschichtlichen Thatsachen die gedachten Leistungen als eine »Wiederherstellung der Rechtswissenschaft« bezeichnet (III. Kap. 18), ja sogar in grellem Missklange mit seinen obersten Grundanschauungen in dieser Wiederherstellung etwas »plötzliches« findet (III. §. 32) und, was besonders auffallen muss, den Irnerius

»alles aus sich selbst schöpfen und ohne Vorgänger arbeiten« lässt (IV. §. 10).

III. Unter diesen Umständen gelangten seine Nachweisungen der Lehre und der schriftstellerischen Bearbeitung des römischen Rechtes in der vorbolognesischen Zeit nur zu sehr geringer Wirkung, zumal da die Zusätze im siebenten Bande der zweiten Ausgabe seiner Rechtsgeschichte eine gewisse Berechtigung gaben zu glauben, er selbst habe später seine ursprüngliche Annahme des Daseins einer wissenschaftlich zu nennenden Rechtsliteratur in der gedachten Zeit wieder fallen lassen.[a] Man hielt sich an seine Erklärung (III. §. 32): die damalige Kenntniss und Anwendung des römischen Rechtes sei sehr dürftig gewesen und habe nur als Uebergang zu einer besseren Zeit Werth haben können, und so betrachtete man immer noch sehr allgemein, der früheren, in diesem Punkte durch Savigny's Werk neu gefestigten Anschauung gemäfs, das Zeitalter vor Irnerius als ein durchaus unwissenschaftliches, die damalige Ueberlieferung des Rechtes als eine rein handwerksmäfsige, die wirklich wissenschaftliche Lehre und Bearbeitung des Rechtes aber als ein völlig neues Verdienst des Irnerius und seiner Schule.[b] Diese Ansicht wurzelte um so fester, als sie unterstützt

---

a) Hierher gehört der Zusatz von Merkel zu Sav. II. §. 80 Not. a, worin ausgeführt wird, die hier von Savigny dem Jahr 752 zugeschriebene Aretiner Urkunde sei vielmehr in das 12. Jahrh. zu setzen, und der Zusatz von Merkel zu Sav. II. §. 48, wonach die Exceptiones des Petrus, welche Savigny (II. §. 50) der Zeit vor dem letzten Viertel des 11. Jahrh. zugewiesen hatte, wahrscheinlich erst nach 1157 und gegen das Ende des 12. Jahrh. verfasst wären. Aus der Aufnahme beider Zusätze in das Werk konnte man schliefsen, dass Savigny sich stillschweigend den Inhalt angeeignet habe, und den zweiten kann man sogar nach der Druckeinrichtung leicht fur einen von Savigny selbst herrührenden ansehen.

b) Diese Betrachtungsweise war bis auf die neueste Zeit so sehr die herrschende, dass besondere Belege gar nicht erforderlich sind. Man vergleiche aber z. B. Bethmann-Hollweg, Der germanisch-romanische Civilprozess im Mittelalter Bd. II. (1873) S. 317 ff. und die Aeufserungen von Stintzing, Geschichte der populären Literatur des römisch-kanonischen Rechts in Deutschland (1867) S. 90, sowie von Conrat, Die Epitome Exactis regibus (1884) S. CXVI fg.

wurde durch die weit verbreitete Vorstellung von dem früheren Mittelalter als von einer ganz barbarischen Zeit und durch die fast allgemeine Annahme, Kunst und Wissenschaft seien überhaupt erst seit dem Ende des 11. Jahrhunderts zufolge äufserer Anstöfse aus Jahrhunderte langem Schlafe wieder erwacht.[c]

Sie wurde daher selbst durch Merkel's glänzende Entdeckung der Lehre und schriftstellerischen Bearbeitung des langobardischen Rechtes zu Pavia mindestens schon seit dem Anfange des 11. Jahrh.[d] nicht erschüttert, sondern sie liefs sich nur zu der geringen Einräumung herbei, eine gewisse, nicht allzu hoch anzuschlagende Pflege des langobardischen Rechtes schon vor Irnerius anzuerkennen.[e] In Ansehung des römischen Rechtes behauptete sie fortwährend ihre Herrschaft.

IV. Erst von Stintzing wurde sie durch Hinweis auf ihre innere Unwahrscheinlichkeit, ja geschichtliche Unmöglichkeit ernstlich angegriffen. Mit Berufung auf die von Savigny selbst der vorirnerischen Zeit zugetheilte Rechtsliteratur, namentlich auf die Exceptiones des Petrus und verschiedene andere zu ihnen in naher Beziehung stehende Schriften, sagt Stintzing mit Recht, dass diese geschulte und zum Theil offenbar für die Schule bestimmte Literatur nothwendig auf eigentliche Rechtsschulen hinweise,

---

c) Wegen dieser bekannten Vorstellungen vergleiche man z. B. Duck a. a. O. (s. o. I. a) §. XIII.: »Post has vero tenebras Scientiarum omnium, ea fuit foelicitas Juris Romani, ut cum ipso in Lucem extracto caeterae Scientiae omnes revixerint«, wo also, in einer übrigens auch sonst nicht selten vorkommenden Weise, die Wiedergeburt der Wissenschaft geradezu als Folge der Neuentdeckung des romischen Rechtes aufgefasst wird. S. ferner Giesebrecht, De litterarum studiis apud Italos primis medii aevi saeculis (Berol. 1845) p. 1 sq.

d) S. Joh. Merkel, Die Geschichte des Langobardenrechts. Berlin 1850, womit zu vergleichen Boretius in praef. ad Libr. Papiens. cap. VIII. (Mon. Germ. hist. Legg. IV. p. XCIII. sqq.).

e) Man vergleiche das ziemlich abfallige Urtheil Bethmann-Hollweg's über die Jurisprudenz der Papienser in Bd. II. S. 299 ff., bes. S. 306 ff. seines Germanisch-romanischen Civilprozesses im Mittelalter (1873).

welche schon vor derjenigen der Glossatoren bestanden haben müssten. Auch sei das Zeitalter, welchem die gedachten Schriften angehörten, unverkennbar im Besitze uralter Ueberlieferungen gewesen, welche er zum Theil bis auf Justinian's Zeit zurückzuführen sucht.[a]

Diese Gedanken sind in Arbeiten Anderer weiter verfolgt worden.[b] Sie haben in langsamem Vordringen der herrschenden Auffassung mehr und mehr Boden abgewonnen und ihr zuletzt das ganze Feld so streitig gemacht, dass unlängst Conrat es für nöthig gehalten hat, durch eine umfassende Abwehr jener Angriffe für sie einzutreten.[c] Aber auch er unternimmt es doch nicht mehr, ihre ganze frühere Stellung zu vertheidigen. Er gibt zu, dass die wissenschaftliche Bearbeitung schon vor Irnerius, etwa mit dem letzten Drittel des 11. Jahrhunderts, beginne, und beschränkt sich darauf, die Unwissenschaftlichkeit nur noch für die vorhergehende Zeit, das von ihm sogenannte »frühere Mittelalter«, zu behaupten.[d]

V. Es wird nun vor allen Dingen darzulegen sein, dass selbst mit dieser Beschränkung die gedachte Auffassung unhaltbar ist, und dass den geschichtlichen Thatsachen gegenüber von einer plötzlichen und unvermittelten Auferstehung der Rechtswissenschaft weder am Anfange des 12. Jahrhunderts noch zu irgend einer früheren

---

a) S. Stintzing in der Zeitschrift für Rechtsgeschichte V. S. 321 ff. (1866) und in seiner Geschichte der populären Literatur des römisch-kanonischen Rechts in Deutschland (1867) S. 86, 90, 95 ff.

b) Vornehmlich in Schriften von Ficker und von mir selbst, welche, soweit nöthig, neben anderen hier einschlagenden im Laufe der Darstellung werden genannt werden. Uebrigens darf nicht verschwiegen werden, dass sich schon bei Sarti Tom. I. P. I. p. 1 sq. ganz richtige Ansichten finden. Er bezeichnet die Annahme des Unterganges der Wissenschaft des romischen Rechtes vor dem Zeitalter Lothar's II. geradezu als Fabel.

c) S. Conrat, Die Epitome Exactis regibus (1884) S. CXVI—CCLVII.

d) S. Conrat a. a. O. S. CXVII ff. und dazu meine Bemerkungen in Ztschr. d. Sav. Stift. VI. Rom. Abth. S. 104 ff. Im Hinblick auf diesen Sprachgebrauch Conrat's mag bemerkt sein, dass der Ausdruck »früheres Mittelalter« in vorliegender Schrift immer nur in dem üblichen Sinn der Zeit vor Irnerius gebraucht wird.

Zeit die Rede sein kann, dass vielmehr lange vor dem Auftreten der Bologneser Schule und zu allen Zeiten des Mittelalters das Recht gelehrt, schriftlich bearbeitet und nach dem Mafse der Zeit auch wissenschaftlich behandelt worden ist. Denn für die richtige Würdigung des Auftretens dieser Schule und seiner Bedeutung ist natürlich die Klarstellung der geschichtlichen Verhältnisse, unter denen es erfolgte, die unentbehrliche Vorbedingung.

1. Das Recht wurde zu allen Zeiten des Mittelalters gelehrt.

VI. An erster Stelle kommt hier in Betracht, dass die Lehrthätigkeit des Irnerius und überhaupt die Ertheilung mündlichen Rechtsunterrichtes in Bologna von der Bologneser Schule selbst niemals als etwas neues hingestellt wurde. Das würde doch sicherlich nicht unterblieben sein, wenn es nur mit irgend einem Schein hätte geschehen können; denn diese Thatsache wäre ja unter allen Ruhmestiteln der Schule weitaus der vornehmste und glänzendste gewesen. Odofredus, ein Bologneser Rechtslehrer des 13. Jahrhunderts († 1265), erzählte in seinen Vorlesungen wiederholt, und zwar mit ausdrücklicher Berufung auf die innerhalb der Bologneser Schule bestehende Ueberlieferung (»Maiores nostri ita referunt«): das »Studium«, d. h. hier der Hauptsitz der Lehre des römischen Rechtes, sei zuerst in Rom, dann in Ravenna gewesen, zuletzt nach Bologna übergegangen.* Diese Ueberlieferung als blofse, geschichtlich werthlose Sage zu behandeln, dafür besteht von vornherein ganz und gar kein Grund; denn wie hätte sich in Bologna der geschichtlichen Wahrheit zuwider eine solche den Ruhm der Schule verkleinernde Sage bilden sollen? Begreiflich wäre nur das umgekehrte, wie denn wirklich Odofred bei seinen Erzählungen für Bologna wenigstens die Priorität der

*) Die bekannten Stellen finden sich bei Savigny III. §. 158 und IV. §. 2 not. a. S. u. XV. b, XLI. a.

schriftstellerischen Bearbeitung des römischen Rechtes in Anspruch nimmt durch die, wie sich zeigen wird, den Thatsachen durchaus widersprechende Beifügung: Irnerius habe als der Erste Glossen zu den Justinianischen Gesetzbüchern verfasst und heifse daher lucerna iuris.[b] Es kommt noch hinzu, dass die gedachte Ueberlieferung durch andere geschichtliche Zeugnisse unterstützt und so vollkommen beglaubigt wird. Es wird sich herausstellen, dass in Ravenna wirklich im 11. Jahrhundert eine angesehene und einflussreiche Rechtsschule bestand. Und dass schon um die Mitte des 12. Jahrhunderts, also gerade in der Zeit, da die Bologneser Schule, wäre sie etwas geschichtlich völlig neues gewesen, ganz besonderes Aufsehen hätte machen müssen, selbst jenseits der Alpen die mündliche Lehre des römischen Rechtes nicht als etwas neues, erst kürzlich zu Bologna aufgekommenes, sondern im Gegentheil als etwas althergebrachtes erschien, erhellt aus folgender von Ludwig dem Frommen redender Stelle der bald nach 1146 wahrscheinlich zu Regensburg verfassten[c] sog. Kaiserchronik (Ausgabe von Mafsmann II. Theil S. 396):

> Alse Ludewic daz rîche besaz,
> den vursten hiez er sagen daz,
> daz sie die junchêrren
> die phâht (d. h. das Gesetz) hiezen lêren
> nâch rômeskeme rehte.

Mag man den geschichtlichen Werth dieser Quelle noch so gering anschlagen: für ihre Zeit beweist sie das gesagte doch mit voller Sicherheit.

Man braucht sich aber gar nicht mit solchen negativen Beweisen zu begnügen; denn dass kein Jahrhundert

---

b) S. Odofred. in Dig. vetus L. ius civile 6 de iust. et iure (Sav. III. §. 158 II.): »Sed dominus Yr. (Irnerius) — — fuit primus illuminator scientiae nostrae, et quia primus fuit qui fecit glosas in libris nostris, vocamus eum lucernam iuris«.

c) Vgl. Wattenbach, Deutschlands Geschichtsquellen im Mittelalter. 5. Aufl. Bd. II. S. 232.

des Mittelalters der mündlichen Lehre des Rechtes entbehrte, lässt sich auch positiv auf das bestimmteste darthun. Zuvor aber muss eine allgemeinere Bemerkung gemacht werden.

VII. Wie oben schon gesagt, hängt die Annahme einer unvermittelten Neuerstehung der bis dahin gänzlich erstorbenen Rechtswissenschaft am Anfange des 12. Jahrhunderts auf das engste zusammen mit der früher allgemeinen Vorstellung, dass dies nur eine einzelne Seite eines damals überhaupt eingetretenen plötzlichen Culturumschwunges sei. Nach Jahrhunderte langer Nacht der Barbarei seien überhaupt Kunst und Wissenschaft erst mit dem Beginn des 12. Jahrhunderts wieder zum Leben erwacht. Diese Vorstellung muss aber nach dem heutigen Stande der Forschung rückhaltlos aufgegeben werden. Nichts ist sicherer, als dass auch in den schlimmsten Zeiten des früheren Mittelalters Kunst und Wissenschaft nie vollständig erloschen. Mochte auch die Rohheit und Unwissenheit eine geraume Zeit lang immer weitere Fortschritte machen: einen Rest der vom Alterthum ererbten Bildung konnte sie nicht vernichten. Namentlich war es die Kirche, welche im Interesse ihrer Selbsterhaltung diesen kostbaren Schatz hütete und pflegte, ihn mit neuen Bildungselementen bereichert späteren Geschlechtern überlieferte und so die Entwickelung der modernen Wissenschaft vermittelte und anbahnte.*

*) Dies war eigentlich schon durch die ersten Bände der Histoire litéraire de la France (s. o. I. a) aufser Zweifel gestellt. Unwiderleglich wurde es für Italien erwiesen durch die oben III. c genannte bahnbrechende Schrift von Giesebrecht und durch die darauf fufsende Arbeit von Ozanam: Des écoles et de l'instruction publique en Italie aux temps barbares (Documents inédits pour servir à l'histoire littéraire de l'Italie depuis le VIIIe siècle jusqu'au XIIIe. Paris 1850), für Frankreich durch folgendes Werk desselben franzosischen Gelehrten: La civilisation chrétienne chez les Francs. Paris 1849 (Oeuvres compl. 4. éd. t. IV). Für Italien kommt neuerdings auch noch in Betracht A. Gloria, Monumenti della Università di Padova (Venezia 1884) p. 75 segg. Aus der grofsen Zahl weiterer hier einschlagender Schriften mögen nur noch erwähnt sein: Specht, Geschichte des Unterrichtswesens in Deutschland von den ältesten Zeiten bis zur

So gab es denn auch zu allen Zeiten und überall, wo das Christenthum Boden gefasst hatte, höhere, großentheils mit der Kirche unmittelbar zusammenhängende Schulen, auf welchen gemäß den Ueberlieferungen des sinkenden Alterthums und mit Benutzung der am Ausgange des Alterthums gebräuchlichen Schulbücher die sieben freien Künste gelehrt wurden, d. h. die Kenntnisse, welche schon das Alterthum zu einer vollkommenen Bildung verlangte, und zwar der alten festen Abtheilung gemäß im Trivium die drei allgemeinen Fächer der Grammatik, Dialektik und Rhetorik, im Quadrivium die vier besonderen mathematischen der Arithmetik, Geometrie, Astronomie und Musik.[b]

VIII. Gleichwie nun schon im Alterthum mit den Lehrgegenständen des Triviums, und zwar zunächst mit der Rhetorik, wohl bei der Behandlung des genus iudiciale, auch eine Unterweisung im Rechte verbunden war,[a] so wurde während des ganzen früheren Mittelalters an allen

---

Mitte des 13. Jahrh. (Stuttgart 1885) S. 1 ff. und die Abhandlung von P. Gabriel Meier über die sieben freien Künste im Mittelalter (Jahresbericht über die Lehr- und Erziehungsanstalt des Benediktiner-Stiftes Maria-Einsiedeln. 1886 u. 1887) I. S. 3 ff., II. S. 29. Dass es während des ganzen Mittelalters an wissenschaftlichen Bestrebungen nicht gefehlt hat, ist unlängst in interessanter Weise auch gezeigt in der Arbeit von O. Hartwig über die Uebersetzungsliteratur Unteritaliens in der normannisch-staufischen Epoche. 1886 (Centralblatt für Bibliothekswesen Jahrgang III S. 159 ff.).

[b]) Sehr gründlich sind diese Verhältnisse beleuchtet in der genannten überaus lehrreichen Abhandlung von Meier sowie in seiner Geschichte der Schule von St. Gallen im Mittelalter (Jahrb. f. Schweizerische Geschichte X. — 1885 — S. 99 ff.). S. auch Specht S. 81 ff., Ozanam, La civil. chrét. chez les Francs. Chap. IX. Les écoles. (p. 456—654).

[a]) S. L. 3 §. 1 Th. C. de stud. lib. urb. Romae et Constant. 14, 9 (a. 425); Cassiodor. Var. IX, 21 (c. a. 534): »ut successor scholae liberalium literarum, tam grammaticus quam orator nec non et iuris expositor, commoda sui decessoris — — percipiat«; Iustiniani Sanctio pragm. c. 22 (a. 554); Venantius Fortunatus de vita S. Martini I. vers. 29 sqq., wo er von seinen vor 565, wahrscheinlich zu Ravenna, betriebenen Studien erzählt:

»Parvula grammaticae lambens refluamina guttae,
Rhetoricae exiguum praelibans gurgitis haustum,
Cote ex iuridica cui vix rubigo recessit.«

Schulen der liberales artes ein gewisser Rechtsunterricht ertheilt, und zwar ebenfalls in unmittelbarer Verbindung mit der Rhetorik.[b] Für diese Einrichtung lassen sich zahlreiche Belege aus allen Jahrhunderten und aus allen Gegenden des christlichen Abendlandes beibringen. Die folgenden werden zum Beweise vollkommen genügen.

Gregor von Tours (geb. 538, † 594) erzählt in seiner fränkischen Geschichte von einem Unfreien, Andarchius, welcher dadurch, dass er mit seinem Herrn wissenschaftliche Studien betrieb, eine erhebliche Bildung erlangte, nämlich eine genaue Kenntniss der Werke des Vergil, des westgothischen Breviars und der Mathematik.[c]

Dass es sich dabei um eine ganz allgemeine Einrichtung handelt, und dass insbesondere auch in Gallien das Recht gelehrt wurde, ist zu schliefsen aus der tüchtigen juristischen Bildung des Aquitaniers Sulpicius Severus (um 365—425), worüber J. Bernays, Ueber die Chronik des Sulpicius Severus S. 31 ff. (Ges. Abh. II. S. 132 ff.), und aus folgender, die Lehre des Rechtes zu Narbonne um 465 beweisender Stelle des Sidonius Apollinaris (Elog. Narbonis — Carm. XXIII. — vers. 446 sqq.):

»sive ad doctiloqui Leonis aedes,
quo bis sex tabulas docente iuris
ultro Claudius Appius taceret
claro obscurior in decemviratu.«

Vgl. noch J. Bernays a. a. O. S. 2 fg., 40 a. E. (Ges. Abhandl. II. S. 82 ff, 146); Hist. litér. de la France t. II p. 3; Kaufmann, Rhetorenschulen und Klosterschulen in Raumer's Histor. Taschenbuch 1869 S. 13 fg., 17. — Ueber das genus iudiciale der Rhetorik und die damit verbundenen controversiae s. Quintiliani instit. orator. (ed. Halm.) II, 1, 10; III, 9 sqq., VIII prooem., 6; VII, 1, 4 sqq. und z. B. Teuffel's Gesch. der rom. Literatur. 4. Aufl. bearb. von L. Schwabe (Leipz. 1882) 45 Anm. 5 (S. 79 fg.).

b) Dass man im Mittelalter, und noch im 12. Jahrh., ebenso wie im Alterthum, bei der Lehre der Rhetorik das genus demonstrativum, deliberativum und iudiciale unterschied, also die nämliche Methode befolgte wie im Alterthum, erhellt aus Anselmi Vita Adelberti II. Moguntini vers. 726 sqq. (Jaffé, Biblioth. rer. germ. III. p. 590 sq.). Vgl. u. XX a. E. — Die Verbindung des Rechtsunterrichtes mit der Lehre der liberales artes, insbesondere mit Rhetorik und Logik, im Mittelalter ist schon hervorgehoben von Prantl, Geschichte der Logik Bd. II. 2. Aufl. S. 69 ff. S. ferner Specht S. 120 ff.

c) Hist. Franc. IV, 46 (Mon. Germ. Scriptt. rer. Meroving. I. p. 180): »Hic (Andarchius) Felicis senatoris servus fuit, qui ad obsequium domini depotatus ad studia litterarum cum eo positus bene institutus emicuit; nam de operibus Virgilii, legis Theodosianae libris artemque calculi aplene eruditus est.«

Der Heil. Desiderius, gebürtig in der Gegend von Toulouse, Bischof zu Cahors 629—654, welchem seine Eltern eine sehr gründliche Bildung geben liefsen, lernte zuerst Grammatik und Rhetorik, dann das römische Recht.[d]

Auch der Heil. Bonitus, Bischof von Clermont in der Auvergne am Ende des 7. Jahrhunderts, wurde in seiner Jugend auf der Schule zu Clermont in der Grammatik und dem römischen Rechte nach dem Breviar unterrichtet.[e]

Um dieselbe Zeit erhielt der Heil. Aicadrus (geb. 624, † 687) in einer Klosterschule zu Poitiers eine vollständige Ausbildung in den liberales artes und damit auch eine Kenntniss des canonischen Rechtes.[f]

In einem Briefe, welchen Aldhelmus, Abt zu Malmesbury 675—705, in dieser Zeit an den Bischof Hedda zu Winchester schrieb, wird die grofse Schwierigkeit eines tieferen Studiums der liberales artes, und dabei auch des römischen Rechtes, hervorgehoben.[g]

---

[d]) Vita S. Desiderii Caturc. episc. cap. I. (Labbe, Nov. biblioth. manuscr. libr. tom. I. p. 699): »Desiderius vero summa parentum cura enutritus literarum studiis ad plenum eruditus est. quorum diligentia nactus est post literarum insignia studia gallicanamque eloquentiam (quae vel florentissima sunt vel eximia contubernii regalis adductis inde dignitatibus), ac deinde legum romanarum indagationi studuit, ut ubertatem eloquii gallicani nitoremque gravitas sermonis romana temperaret.«

[e]) Vita S. Boniti nr. 3 (Mabillon, Acta Sanctor. ord. S. Ben. Saec. III. p. I. p. 90): »Postea vero cum natus adolevisset et esset praefata cum parentibus in urbe constitutus, grammaticorum imbutus initiis nec non Theodosii edoctus decretis ceterosque coaetaneos excellens a sophistis probus atque praelatus est.«

[f]) Vita S. Aicadri cap. I. et VII. (Mabillon, Acta SS. ord. S. Bened. Saec. II. p. 954 et 956): »Post ablactationem pueri summa cum diligentia tradiderunt (parentes) illum ad erudiendum cuidam viro sapientia famosissimo, nomine Ansfrido, praedictae civitatis ex monasterio S. Hilarii coenobitae. — — Quia idem vir Aicadrus liberalibus studiis ad plene erat eruditus, canones etiam non ignorabat.«

[g]) Jaffé, Bibliotheca rerum Germanic. tom. III. p. 32: Aldhelm schreibt, von seinen eigenen Studien redend, und zur Entschuldigung der Unterlassung eines versprochenen Besuches: »Neque enim parva temporum intervalla in hoc lectionis studio protelanda sunt; ei dumtaxat qui

Alcuin nennt als Gegenstand des an der Domschule zu York unter dem Bischof, späteren Erzbischof Ecgbert (732—766) von seinem Nachfolger Aelbert ertheilten Unterrichtes, und zwar am Schlusse des Triviums nach Grammatik und Rhetorik, aber vor den Fächern des Quadriviums, auch das Recht.[h]

Karl d. Gr. liefs seine Söhne in den freien Künsten und dem weltlichen Rechte unterrichten.[i]

Ferner tritt die Unterweisung im Rechte am Ende des Triviums, und zwar als das allgemein übliche, auf zu Anfang des 11. Jahrhunderts in einer von den Schuljahren des Heil. Bruno, späteren Papstes Leo IX. (geb. 1002, † 1054), handelnden Stelle seiner gleichzeitigen Lebensbeschreibung, — einer Stelle, welche zwar zunächst von der Domschule zu Toul redet, die dortigen Verhältnisse aber als allgemeine behandelt.[k]

---

sollerti sagacitate legendi succensus legum Romanorum iura medullitus rimabitur et cuncta iurisconsultorum decreta imis precordiis scrutabitur et quod his multo artius et perplexius est, centena scilicet metrorum genera pedestri regula discernere et ad musica cantilenae modulamina recto syllabarum tramite lustrare. cuius rei studiosis lectoribus tanto inextricabilior obscuritas pretenditur, quanto rarior doctorum numerositas repperitur.« Etc.

[h]) Alcuini versus de sanctis Euboricensis ecclesiae vers. 1433 sqq. (Mon. Germ. Poëtae lat. aevi Carol. I. p. 201):

»His dans grammaticae rationis gnaviter artes,
Illis rhetoricae infundens refluamina guttae,
Istos iuridica curavit cote polire.
Illos Aonio docuit concinnere cantu — —
Ast alios fecit praedictus nosse magister
Harmoniam coeli« etc.

[i]) Theganus in Vita Hludowici Imp. (scr. a. 835) c. 2 (Mon. Germ. hist. SS. II. p. 591): »Diu vivebat pater eorum (sc. Karolus M.) cum eis feliciter et utiliter instruebat eos liberalibus disciplinis et mundanis legibus.«

[k]) Vita S. Leonis papae auctore Wiberto lib. I. cap. IV. (Mabillon, Acta SS. Saec. VI. p. II. p. 55): »Bruno insistebat literarum gymnasio. — — Nempe, ut primum competit rudibus, decurso artium trivio non solum claruerunt prosa et metro, verum et forenses controversias acuto et vivaci oculo mentis deprehensas expediebant seu removebant sedulo. Denique quadruvium naturali ingenio vestigantes degustarunt atque non minimum in ipso quoque valuerunt.«

Der berühmte Lanfrancus (geb. 1005 zu Pavia) wurde vom Knabenalter an in den Schulen der freien Künste und des weltlichen Rechtes unterrichtet nach dem Brauche seines Vaterlandes und hatte dadurch schon als ganz junger Mann eine glänzende Beredsamkeit und eine bedeutende Rechtskenntniss erworben.[l]

Auch in Deutschland war es in der zweiten Hälfte des 10. Jahrhunderts Sitte, die jungen Leute vornehmen Standes in den Wissenschaften und namentlich auch im weltlichen Rechte unterrichten zu lassen, was aber beides freilich schon in den ersten Zeiten des 11. Jahrhunderts wieder abgekommen war.[m]

Das letzte wird bestätigt durch eine sehr bekannte Stelle in dem 1041 verfassten, Heinrich III. gewidmeten Tetralogus des Wipo, zugleich ein neues Zeugniss für die in Italien ganz allgemein und von jeher bestehende Sitte, den Kindern der Wohlhabenden höheren Unterricht und

---

[l]) Milonis Crispini vita Lanfranci cap. V. (Lanfranci Opp. Lut. Paris. 1648 p. 6): »Ab annis puerilibus eruditus est in scholis liberalium artium et legum saecularium ad suae morem patriae. Adolescens orator veteranos adversantes in actionibus causarum frequenter revicit torrente facundiae accurate dicendo. In ipsa aetate sententias depromere sapuit, quas gratanter iurisperiti aut iudices vel praetores civitatis acceptabant. Meminit horum Papia.«

[m]) Gesta episc. Tullens. c. 37 (Mon. Germ. hist. SS. VIII. p. 643): »Herimannus († 1026) nobili Agrippinensium genere procreatus litterarum studiis, ut decet nobilibus, adprime eruditus.« Chronic. Eberspergense (um 1050 geschrieben) in Mon. Germ. SS. XX. p. 14: Der alte Graf Udalrich von Ebersperg (in Oberbayern), um 950 geboren, klagte gegen das Ende seines Lebens († 12. März 1029) im Kreise seiner Freunde über die Gesetzlosigkeit der Zeit und macht dabei folgende interessante Bemerkung: »Cum Romani terrarum orbi imperarent, ita moderamine legum scripto regebatur, ut nulli impune cederet factum quod lex vetuerat. Postquam vero Germanum regnum a Romanis recesserat, Sigipertus et Theodericus ac deinde Carolus iura dictabant, quae si quis potens ac nobilis legere nesciret, ignominiosus videbatur, sicut in me coëvisque meis, qui iura didicimus, apparet. Moderni vero filios suos neglegunt iura docere, qui quandoque pro suo libitu et possibilitate mendoso iure quosque iuvant aut deprimunt et per exlegem temeritatem.« Vgl. auch Specht S. 238.

dabei namentlich Unterweisung im Rechte ertheilen zu lassen.[n]

Dass aber wirklich damals in Italien eine gewisse Kenntniss des Rechtes als unerlässliches Stück der allgemeinen Bildung angesehen wurde, erhellt am deutlichsten aus den zahlreichen juristischen Wendungen in den Schriften des Petrus Damiani (geb. Ende 1006 oder Anfang 1007, † 1072) und aus seinem verhältnissmäfsig tüchtigen juristischen Wissen, vermöge dessen er, obwohl nach seiner eigenen ausdrücklichen Erklärung Nichtjurist, es sogar wagen durfte, sich mit den gewandten Juristen zu Ravenna über eine Rechtsfrage in einen Streit einzulassen.[o] Ferner aus den vielen juristischen Brocken, welche richtig oder falsch der Rhetoriker Anselm der Peripatetiker in seinem zwischen 1047—1056 verfassten »Rednerkampfe« bei jeder Gelegenheit anbringt.[p]

---

n) Wiponis Tetral. vers. 190 sqq. (Mon. Germ. hist. SS. XI. p. 251). Die »Lex«, welche hier redend auftritt, richtet an den Konig, sobald er mit der Kaiserwurde die Weltherrschaft erlangt haben werde, die folgende Mahnung:

»Tunc fac edictum per terram Teutonicorum,
Quilibet ut dives sibi natos instruat omnes
Litterulis, legemque suam persuadeat illis,
Ut, cum principibus placitandi venerit usus,
Quisque suis libris exemplum proferat illis.
Moribus his dudum vivebat Roma decenter,
His studiis tantos potuit vincire tyrannos,
Hoc servant Itali post prima crepundia cuncti,
Et sudare scolis mandatur tota iuventus.
Solis Teutonicis vacuum vel turpe videtur,
Ut doceant aliquem, nisi clericus accipiatur.
Sed, rex docte, iube cunctos per regna doceri,
Ut tecum regnet sapientia partibus istis.«

o) S. Zeitschr. d. Sav. Stift. VII. Rom. Abth. Heft 2 S. 19 Anm. 1, S. 20 Anm. 2, S. 48 ff., besonders noch S. 53.

p) S. ebend. S. 20 Anm. 1. Selbst der Schüler des Petrus Damiani, Johannes von Lodi (1026—1106), glaubt in der Lebensbeschreibung seines Lehrers dem Leser wenigstens durch Einen, freilich gänzlich verunglückten, Satz beweisen zu müssen, dass er auch Rechtsunterricht genossen. Gleich am Anfang in cap. I. bemerkt er nämlich zu der Erzählung, die Mutter des Petrus habe ihm zuerst die Brust verweigert: »sic filium, antequam vivere discat, emancipat et, quod possidere solum posset, a possessione materni pectoris exheredat«.

IX. Diese zu einem grofsen Theil schon von Savigny (I. §. 135, II. §. 43) beigebrachten Zeugnisse gestatten in ihrem Zusammenhange gar keinen Zweifel, dass zu allen Zeiten des früheren Mittelalters, ebenso wie am Ausgange des Alterthums, die Rechtskunde mit zu den artes liberales gerechnet, und dass daher an allen Schulen der liberales artes auch Unterweisung im Recht ertheilt wurde. Sie liefsen sich aber leicht noch weiter häufen* und werden namentlich vermehrt durch eine ganze Reihe von Stellen, aus denen die unmittelbare Verbindung des Rechtsunterrichtes mit der Rhetorik hervorgeht.

Diese Verbindung tritt besonders klar zu Tage in einem Gedichte des Bischofs Theodulf von Orléans (geb. um 760, Bischof vor 798, † um 821) über ein die sieben freien Künste darstellendes Gemälde, worin von der Rhetorik folgendes gesagt ist:

»Rhetorica atque foro dextram protensa sedebat,
Turritae atque urbis fabrica stabat ei,

---

*) So gehoren gewiss noch hierher die Stellen, in denen die Rechtskenntniss einzelner Personen in Verbindung mit ihrer Kenntniss der Grammatik betont wird, wie z. B. in der Grabschrift des Romuald, des 787 im Alter von 25 Jahren verstorbenen Sohnes des Herzogs Arrichis von Salerno und Benevent (Mon. Germ. hist. SS. III. p. 483):

»Grammatica pollens, mundana lege togatus,
Divina instructus nec minus ille fuit.«

Wie ferner in folgender Aeufserung des Petrus Damiani in Opusc. XLII. cap. 2: »Alius etiam aeque notus mihi atque civis in Ravennati urbe pollebat et legis peritia strenuus et grammaticorum regulis competenter instructus.« Nicht minder sind aber auch die Zeugnisse der Rechtskenntniss einzelner Männer für sich allein schon ausreichende Beweise empfangenen Rechtsunterrichtes. Savigny lässt dies zwar nicht gelten, weil sich auch an eigenes Studium, ohne alle Schule, denken liefse (I. §. 134 not. 4, II. §. 43); allein er selbst sagt an einer späteren Stelle (III. §§. 57, 58), von den Universitäten des späteren Mittelalters handelnd: mündlicher Unterricht sei damals beinahe der einzig mögliche Weg zu umfassenden Kenntnissen gewesen. Ist dies im Hinblick auf den Mangel an Büchern und die grofse Kostspieligkeit der vorhandenen für das spätere Mittelalter richtig, so muss es für das frühere in noch viel stärkerem Mafse zutreffen.

Iura quod eloquio peragit civilia magno
Litibus et populi dedere frena solet«.[b]

Sie zeigt sich anschaulich in Alcuin's Disputatio de rhetorica[c] und wird ferner kenntlich angedeutet in folgender Stelle eines Gedichtes über die freien Künste, ebenfalls aus der Zeit Karl's d. Gr.:

»Facundi dicti si cui est studiosa voluntas,
Quo civile datur ius bene nosse pium,
Haec subeat« etc.[d]

Am häufigsten wird sie in Stellen des 11. Jahrhunderts berührt, was zweifellos nur auf Zufall oder mangelhafter Durchforschung der früheren Jahrhunderte beruht. In einem aus der Schule zu St. Gallen hervorgegangenen, in einer Handschrift des genannten Jahrhunderts enthaltenen Lehrgedicht auf die sieben freien Künste[e] heifst es (v. 47) von der — nach Grammatik und Dialektik besungenen — Rhetorik:

»Ius civile, forum, curules ipsa perornat.«

In einer anderen, aus dem Kloster Abdinghof bei Paderborn stammenden Handschrift desselben Jahrhunderts finden sich unter verschiedenen kleinen Gedichten sieben Verse, welche die Reihenfolge und Aufgabe der artes liberales angeben.[f] Von der Rhetorik wird gesagt:

»Rhetorica. Civiles causas iudicat esse meas.«

Ganz deutlich geht auch aus der »Confutatio rhetoricae in facie ecclesiae et sanctorum«[g] im Liber benedictionum des St. Galler Mönches Ekkehard IV. (geb. um

---

[b]) Theodulfi carm. XLVI. de septem liberalibus artibus in quadam pictura depictis vers. 17 sqq. (Mon. Germ. Poët. lat. aevi Carol. I. p. 545).

[c]) S. Halm, Rhetores latini minores p. 525 sqq.

[d]) Hibernici exulis carmen XX. (de art. liberal.) nr. II. (Mon. Germ. Poët. lat. aevi Carol. I. p. 408).

[e]) Herausgegeben von E. Dümmler im Neuen Archiv der Gesellschaft für ältere deutsche Geschichtskunde V. S. 627.

[f]) Ebenfalls von Dümmler in Bd. I. S. 182 der nämlichen Zeitschrift herausgegeben.

[g]) Von demselben herausgegeben in Haupt's Zeitschrift für deutsches Alterthum. Neue Folge. II. S. 62 ff.

980, † um 1060) und aus den von dem Verfasser selbst beigesetzten Glossen hervor, dass bei dem Unterrichte in der Rhetorik juristische Dinge behandelt wurden. (S. u. XI. d.)

Anselm der Peripatetiker lässt in seinem oben genannten Werke »seine Rhetorik« (»nostra Rethorica«) in Person auftreten und ihm, ihrem grofsen Jünger, unter anderem folgendes sagen: »In iudiciis quidem, in senatu vel in concione nemini post te erit perorare, cum equi et iniqui periit et cognitio utilis vel honesti.«[h] Ferner rühmt er sich in der Widmung an Heinrich III., deren erste Worte an den Anfang des prooemium der Justinianischen Institutionen anklingen, seiner vorzüglichen Lehrer: erstlich des Philosophen Drogo zu Parma, der Zierde Italiens, sodann des hochberedten Aldeprandus, endlich des Sichelmus zu Reggio, des genauesten Kenners der liberales artes, und fügt in Ansehung des letzteren, gleich ihm eines Schülers und gewissermafsen des »andern Ich« des Drogo, folgendes hinzu: »Qui ut pre omnibus in suis rethoricis noster habetur Tullius, sic Iustinianus pre omnibus in imperialibus suis edictis et legalibus iudiciis; et nec in iudicandis causis potuit esse exiguus, qui in perorandis satis sonat eximius.«[i] Um solchen Lehrern und »seiner Rhetorik« auch seinerseits Ehre zu machen, versäumt er keine Gelegenheit, neben seinem rhetorischen auch mit seinem juristischen Wissen zu prunken, dadurch aber freilich jedem Kundigen seine Blöfsen auf diesem Gebiete nur um so mehr aufzudecken.

Endlich kommt noch in Betracht, dass Irnerius ursprünglich Lehrer »in artibus« war und sich erst später blofs der Lehre des römischen Rechtes zuwandte, welches er ohne Lehrer studirte. Dieser Uebergang und ein Selbststudium des römischen Rechtes, welches ihn befähigte, eine neue, für die ganze Folgezeit mafsgebende Schule zu

[h]) Dümmler, Anselm der Peripatetiker (1872) S. 40.

[i]) Ebend. S. 17. Vgl. auch S. 19.

bilden, wäre aber doch gar nicht möglich gewesen, hätte er nicht auf der Schule Rechtsunterricht empfangen und durch seinen früheren Beruf Veranlassung gehabt, sich auch mit dem Rechte zu beschäftigen.[k]

X. Die somit als eine allgemeine Einrichtung aufgezeigte Unterweisung im Rechte am Ende des Triviums und in unmittelbarer Verbindung mit der Rhetorik erklärt sich leicht nicht allein daraus, dass schon im Alterthum das Trivium mit der Behandlung des genus iudiciale der Rhetorik abschloss, weil Rechtsfragen aller Art einen besonders günstigen Stoff für rednerische und dialektische Uebungen boten, also für Anwendung aller derjenigen Kenntnisse, welche das Trivium zu gewähren hatte,[a] sondern sie erklärt sich auch aus dem Umstande, dass man dem Unterrichte in der Rhetorik zwei wichtige praktische Ziele steckte. Erstens sollte er nämlich eine Anleitung zur gerichtlichen Beredsamkeit, also zu dem Berufe des Sachwalters und damit überhaupt des praktischen Juristen,

---

[k]) S. u. XLV. Auch aus späteren Zeiten würden sich leicht noch Belege der Verbindung des Rechtsunterrichtes mit der Lehre der freien Künste, insbesondere der Rhetorik beibringen lassen. Für das 12. Jahrh. vergleiche man z. B. die bei Savigny I. §. 135 a. E. mitgetheilte Stelle aus einem Briefe des Bischofs Henricus Vigornensis. Sodann den Bericht über die Studien des späteren Erzbischofs Adelbert II. von Mainz zu Reims am Anfange des 12. Jahrh. in Anselmi Vita Adelberti II. Moguntini. S. u. XX. e. Endlich verweise ich auf folgende Stelle aus dem »Gregorius« des Hartmann von Aue († um 1220) V. 1009 ff., deren Kenntniss ich Specht S. 122 verdanke, und welche ich nach der Uebersetzung von S. O. Fistes (Halle 1851. S. 24) wiedergebe:

»In seinem elften Jahr,
In Wahrheit sag ich, war
Kein besserer Grammatikus
Als hier das Kind Gregorius. — —
Von legibus las er nachher;
Es ward das kluge Kind gar sehr
In dieser Kunst nach kurzer Frist
Ein tüchtiger Legist.«

[a]) Vgl. die o. VIII. k mitgetheilte Stelle aus der Lebensbeschreibung Leo's IX. Anselm den Peripatetiker wollen wegen seiner unbedingten Unentbehrlichkeit auf der Erde die drei Artes des Triviums mit aller Gewalt den Heiligen, welche ihn im Elysium zurückzuhalten suchen, wieder entreifsen. S. Dümmler, Anselm d. Perip. S. 39 ff.

ertheilen, zweitens in die Kunst des »dictamen prosaicum« einführen, d. h in die Kunst, Briefe und andere Schriftstücke, namentlich solche geschäftlichen und rechtlichen Inhaltes, nach Form und Inhalt richtig abzufassen.

XI. Für die erste der genannten beiden nahe verwandten Aufgaben, die Anleitung der Schüler zum »agere causas« und damit auch zur richtigen Beurtheilung von Rechtsfällen, lässt sich schon ein sehr altes, in die erste Hälfte des 6. Jahrhunderts zurückreichendes Zeugniss beibringen.[a]. Ganz schlagend wird sie bewiesen durch die oben (IX.) mitgetheilte Stelle aus dem Gedichte Theodulf's über die freien Künste, womit folgende Stelle aus einem anderen seiner Gedichte (Versus contra iudices, verfasst um 799, vers. 667 sqq.) zu verbinden ist als Beweis, dass es wirklich damals geschulte und in der dialektisch-rhetorischen Behandlung rechtlicher Fragen gewandte Sachwalter (»causidici«) gab:[b]

»Cum perplexa forum resonabit causa per omne,
Lasset ut ambiguo teque suosque suo,
Indic causidicis ab utraque silentia parte,
Ne ius perturbent, dum sua quisque boat,
Cumque viris paucis, omni reticente caterva,
Rem bene volve libens atque revolve diu,
Quatenus invento tandem sine crimine calle
Lis fera sedetur, ius sua cuique ferat.«

Als weitere Beweise treten hinzu: der Umstand, dass Karl d. Gr., für welchen Alcuin seine Disputatio de rhetorica schrieb, diesen Wissenszweig gerade nur wegen seiner praktischen Bedeutung für die richtige Behandlung der »civiles quaestiones«, mit denen er täglich befasst sei,

[a]) Vita S. Ebrulfi nat. a. 517 (auctore perantiquo) ap. Mabillon, Acta SS. ord. S. Ben. Saec. I. p. 354 sq.: »Qui mira velocitate divina et humana diligenter percurrens studia etiam adhuc puer ipsos magistros dicitur praecessisse doctrina. — — Oratoris quippe facundia praeditus ad agendas causas inter aulicos residebat doctissimus.«

[b]) Mon. Germ. Poëtae lat. aevi Carol. I. p. 510. Vgl. auch Bethmann-Hollweg, Der germanisch-romanische Civilprozess im Mittelalter II. S. 106 ff., 171 Anm. 7.

näher kennen lernen wollte;[c] ferner die oben (IX.) angegebenen Aeufserungen Anselm's des Peripatetikers, der (o. IX.) mitgetheilte Vers aus der Abdinghofer Handschrift, welcher die »civiles causae« als das Reich der Rhetorik bezeichnet, endlich verschiedene Wendungen in der auch schon (o. IX.) berührten Confutatio rhetoricae in facie ecclesiae et sanctorum Ekkehard's IV.[d] Die volle Bestätigung aber liegt darin, dass »rhetor« nicht selten geradezu als gleichbedeutend mit »causidicus« vorkommt, d. h. zunächst im Sinn des Sachwalters, sodann aber auch im weiteren Verstande des zum Auftreten als Sachwalter Befähigten, also des ausgebildeten Juristen überhaupt.[e]

---

[c]) Disp. de rhetorica in princ. (Halm, Rhetores latini minores p. 525): Karolus: »Quia te, venerande magister Albine, Deus adduxit et reduxit, quaeso, ut liceat mihi te de rhetoricae rationis praeceptis parumper interrogare; nam te olim memini dixisse, totam eius artis vim in civilibus versari quaestionibus. Sed, ut optime nosti, propter occupationes regni et curas palatii in huiuscemodi quaestionibus assidue nos versari solere, et ridiculum videtur eius artis nescisse praecepta, cuius cotidie occupatione involvi necesse est.«

[d]) Die beiden ersten Verse lauten mit den darüber geschriebenen Erläuterungen Ekkehard's so:

in foro Romae pro tropheo fixa
v. 1. Vana fides nostra putat e Kartagine rostra
rhetores
v. 2. Spernit et actores causarum callidiores.

Später heifst es:

Causa est accusatoris et defensoris res, pro qua contendunt.
v. 15. Causa pro nostris si fors sit agendaque rostris,
Translativus status est, ut si Constantiae male iudicatum sit, Magontia apelletur.
v. 16. Translativa statum lapsis dabit actio gratum.

v. 30. Cum Petrus orator causas agat ipse precator
orator causas
v. 31. Causidicus noster quoque Paulus agat prece prosper.

[e]) Dass »causidicus« zuvorderst den Sachwalter bedeutet, erhellt schon aus der zuletzt mitgetheilten Stelle Theodulf's und aus den in der vorigen Anm. wiedergegebenen Versen Ekkehard's. Aufserdem aber noch aus zahllosen anderen Zeugnissen. S. Bethmann-Hollweg a. a. O. (XI. b) S. 106 ff., 171 Anm. 7, 238, Ficker, Forschungen zur Reichs- und Rechtsgeschichte Italiens III. S. 99. Wohl eben so haufig kommt es indessen auch in der weiteren Bedeutung, als gleichwerthig mit iuris peritus, vor, so dass in den Urkunden causidici nicht selten auch als Gerichtsbeisitzer genannt werden. S. Ficker a. a. O. S. 96, 97 ff. In beiden Bedeutungen

XII. Ganz eben so bestimmt lässt sich zeigen, dass die Rhetorik des Triviums auch die andere Aufgabe hatte, das dictamen prosaicum zu lehren.* Dies kann nämlich schon deshalb gar nicht zweifelhaft sein, weil bereits am Anfange des 13. Jahrhunderts der magister Boncampagni zu Bologna seine Lehrbücher der ars dictandi geradezu als »Rhetorica« und »Rhetorica novissima« bezeichnete. Dafür zeugt aber auch aus sehr früher Zeit die Vorrede zu der Formelsammlung des Marculfus (7. Jahrh.), wo der Verfasser sagt: er wisse wohl, dass viele »prudentissimi viri et eloquentissimi ac rhetores et ad dictandum

---

tritt das Wort auf in Anselmi Vita Adelberti II. Moguntini v. 333 und v. 339 (Jaffé, Bibl. rer. Germ. III. p. 578). Es verhält sich sonach mit dem damaligen Titel »causidicus« ähnlich, wie noch jetzt in Italien und Frankreich mit dem entsprechenden Titel des »Advocaten«. Vgl. Ozanam, Documents inédits p. 62, Bethmann-Hollweg a. a. O. S. 296. Das Wort »advocatus« wurde im Mittelalter zur Bezeichnung des Sachwalters seltener gebraucht, weil man unter advocati die ständigen Vertreter (Vögte) des Königs, der Kirchen und hoher Personen zu verstehen pflegte. S. Bethmann-Hollweg a. a. O. S. 107 ff., Ficker a. a. O. S. 99 fg. Doch kommt »advocatus« oder »advocator« auch oft genug im Sinn des Sachwalters vor. S. Lib. de verb. legal. 2 (meine Jurist. Schriften des früheren M.-A. S. 182): »Advocatus vero est qui verba facit pro actore vel pro reo, qui etiam dicitur patronus causae.« Ferner Petri Exc. Leg. Rom. IV, 5, 7, 11 und die bei Ficker a. a. O. S. 108 fg. sowie bei Ozanam a. a. O. angegebenen Stellen aus Urkunden. Ich verweise wegen der Bedeutung von causidicus und advocatus im Mittelalter auch auf mein Buch über das castrense peculium (1871) S. 539 fg. — Wie »causidicus«, so bezeichnet nun auch »rhetor« öfters den Sachwalter. So in Ekkehard's Glosse über vers. 2 seiner Confutatio rhetoricae (s. vor. Anm.). Ferner in folgender Stelle des Libellus concambiorum monasterii Ebersspergensis (bei Oefele, Rer. Boicar. Scriptt. tom. II. p. 48 nr. XXXII.): »Nam dum series rei subtiliter ab exordio discuteretur a perditissimis et loquacissimis rhetoribus, pars adversariorum superabatur.« Dagegen kann es offenbar nur als gleichbedeutend mit »causidicus« im weiteren Sinne aufgefasst werden, wenn z. B. der bekannte langobardische Jurist Walcausa in den der glossirten Sammlung der langobardischen Gesetze vorausgeschickten Versen als »rethor meritus« bezeichnet wird. S. Boretius in praef. ad Lib. Pap. §. 59 (Mon. Germ. Legg. t. IV. p. LXXXIII.).

*) Auf diese Seite des Unterrichtes in der Rhetorik hat Specht S. 117 ff. näher hingewiesen. S. aber schon Stobbe, Geschichte der deutschen Rechtsquellen I. S. 242, Rockinger, Quellen zur bayer. u. deutsch. Geschichte IX. 1 S. XIV ff. Vgl. ferner die o. VII. a genannte Abhandlung von Meier I. S. 25, 26.

periti« seine Arbeit gering schätzen würden; er habe aber nicht für solche geschrieben, sondern »ad exercenda initia puerorum«.[b] Sodann z. B. folgende Stelle einer Schrift aus dem Anfange des 12. Jahrhunderts: »In una parte huius civitatis (sc. Rhetoricae) praesules ecclesiae decreta componunt, in altera reges et iudices edicta proponunt. Hinc synodalia promulgantur, inde forensia iura tractantur. In hac urbe Tullius itinerantes ornate loqui instruit.«[c] Diese Stelle verschafft zugleich einer Aeufserung Anselm's des Peripatetikers Beweiskraft. Sie stellt nämlich klar, dass seine schwülstige Bezeichnung seines Lehrers Sichelm als »Iustinianus pre omnibus in imperialibus suis edictis et legalibus iudiciis« (s. o. IX.) in ihrem ersten Theil auf die ars dictandi zu beziehen ist.

XIII. Wenn nun aber an allen Schulen der liberales artes, und schon am Ende des Triviums, das Recht in den Kreis der Lehrgegenstände hereingezogen wurde, so steht daraus natürlich nicht zu folgern, dass jeder durch eine solche Schule hindurchgegangene junge Mann eine umfassende und tiefe Rechtskenntniss besessen hätte. Dass dieses nicht der Fall, dass vielmehr eigentliche, den Namen wirklich verdienende Rechtskenntniss in den älteren Zeiten etwas ziemlich seltenes und auch später mindestens nicht häufiger war als gegenwärtig, erhellt mit Sicherheit daraus, dass in jenen älteren Zeiten die Beherrschung des Rechtes

---

[b]) Mon. Germ. hist. Legg. V. Formul. Merow. et Carol. aevi p. 37.

[c]) Honorii Augustoduni libellus de animae exilio et patria, alias de artibus (c. a. 1120) cap. III. (Pez, Thesaur. Anecdot. tom. II. p. I. col. 229). — Besonders anschaulich erhellt die Verbindung des dictamen prosaicum mit der Rhetorik auch noch aus der von Delisle, Les écoles d'Orléans au XII[e] et au XIIIe siècle (Annuaire-bulletin de la société de l'histoire de France. Année 1869 p. 139 ss.) als App. V. (p. 150 ss.) veröffentlichten, an die Doctoren und Scholaren zu Orléans gerichteten Einleitung der Summa dictaminis eines magister Poncius aus der Provence, datirt von 1259 (p. 142). Die Rhetorik erscheint ihm in Gestalt eines jungen schonen Weibes und fuhrt ihn durch die sieben Thore der salutatio, benevolentiae captatio u. s. w. in die Stadt ein, deren Namen sie ihm als »Practica dictatoria« bezeichnet, und worin sie, wie sie sagt, die Herrschaft fuhre, wenn auch ihre Schwester, die Grammatik, sich einen Antheil daran zuschreibe.

als Beweis einer ganz ungewöhnlich tüchtigen, vollkommenen Bildung besonders hervorgehoben wird,[a] und dass in den Urkunden des 11. Jahrhunderts die Juristen immer ausdrücklich als »legis periti«, »legis docti« oder »legis doctores«, »iuris periti«, »iuris prudentes« bezeichnet werden.[b] Auch fehlt es nicht an anschaulichen Beispielen, dass der Rechtsunterricht selbst an den besseren Schulen der liberales artes auch bei günstigstem Erfolge nicht ausreichte, um wirkliche Juristen zu bilden. Denn Anselm der Peripatetiker, wie sehr er sich mit seinem, sonach doch wohl das Durchschnittsmafs übersteigenden, juristischen Wissen brüstet, legt in der That kaum nennenswerthe Rechtskenntnisse an den Tag. Und selbst Petrus Damiani, der eine für seine Zeit ganz ungewöhnliche Bildung hatte und im Rechte auch von unserem Standpunkte recht wohl bewandert war, verwahrt sich bei seinem Streite mit den Ravennatischen Juristen ausdrücklich dagegen, sich wirkliche Rechtskunde anmafsen zu wollen.[c]

Anders konnten die Ergebnisse auch gar nicht sein. Denn jener den Schülern schon im Trivium und zumeist noch im Knabenalter[d] ertheilte Rechtsunterricht musste sich nothwendig in den bescheidensten Grenzen bewegen.

---

a) S. die o. VIII. c, d, e, f mitgetheilten Stellen und die Grabschrift des Romuald o. IX. a. Ferner den bei Savigny II. §. 44 erwähnten Bericht über die Bildung des Aquitaniers Abbo, Vaters des Odo von Cluni (geb. 879, † 942), in der Lebensbeschreibung und aus dem Munde des letzteren (Mabillon, Acta Sanctt. ord. S. Ben. Saec. V. p. 152): »Pater, inquit, meus Abbo est vocatus, sed alterius moris esse videbatur et actibus, quam nunc homines praesentis temporis esse videntur; veterum namque historias, Iustiniani Novellam memoriter retinebat.«

b) S. Ficker, Forschungen zur Reichs- und Rechtsgeschichte Italiens III. S. 96, 128 fg., 132.

c) Petrus Damiani de parentelae gradibus (Opusc. VIII.) cap. VII. s. fin.: »Quod si me fortasse consulitis, qualiter illa Iustiniani sententia possit absolvi, nihil nostra interest; vobis siquidem vestra relinquimus nec alieni nobis officii peritiam arrogamus.« Vgl. Ztschr. d. Sav.-Stift. VII. Rom. Abth. Heft 2 S. 20, 53 ff.

d) Die Knaben wurden gewöhnlich im siebenten Jahr der Schule übergeben, brauchten etwa drei Jahre für den Elementarunterricht und sodann in der Regel acht Jahre für den Unterricht in den liberales artes, von denen die weitaus längere Zeit den Fächern des Triviums gewidmet

Er konnte über das allgemeinste nicht hinausgehen und sich durchschnittlich kein höheres Ziel setzen als die Erklärung der gewöhnlichsten Rechtsbegriffe und juristischen Kunstausdrücke, die Einprägung der einfachsten und am häufigsten zur Anwendung kommenden Rechtssätze und die Bekanntmachung mit einigen feststehenden Streitfragen, welche die Art der praktischen Behandlung rechtlicher Angelegenheiten einigermafsen veranschaulichten und zugleich den Schülern zur Uebung ihres Scharfsinns und ihrer Redefertigkeit Stoff und Gelegenheit gaben.[e] Deswegen scheint man denn bei diesem Unterrichte wenigstens in den ersten Zeiten des Mittelalters, auch hierin den Ueberlieferungen des Alterthums folgend, fast allenthalben nur das römische Recht berücksichtigt zu haben, welches wegen seiner wissenschaftlichen Durchbildung sich in der That allein für jene Zwecke und überhaupt für die Verbindung mit wissenschaftlichem Unterrichte eignete, zudem für die Kirche, zu deren Einrichtungen die meisten höheren Schulen gehörten, in ihren bürgerlichen und vermögensrechtlichen Beziehungen überall das mafsgebende war und so seit den ältesten Zeiten im ganzen christlichen Abendlande eine eingreifende allgemeine Geltung hatte.[f]

---

war. S. Specht S. 9, 70, 80. Rhetorik und Rechtsunterricht fielen sonach durchschnittlich etwa in das fünfzehnte oder sechszehnte Lebensjahr der Schüler.

[e]) Dass es mit den in den Schulen der liberales artes behandelten juristischen Streitfragen in der That nur diese Bewandtniss hatte, lehrt die o. VIII. k mitgetheilte Stelle. Vgl. auch die Chronik des Robertus de Monte ad a. 1149 (Mon. Germ. hist. SS. VI. p. 498): »Magister Vacarius — — suggestione pauperum de Codice et Digesta excerptos novem libros composuit, qui sufficiunt ad omnes legum lites, que in scolis frequentari solent, decidendas, si quis eos perfecte noverit.« Wegen der ahnlichen Behandlung im Alterthum s. Quintiliani instit. orator. (ed. Halm.) IV, 2, 97 sqq., VII, 1, 4.

[f]) In den Stellen, welche das in Verbindung mit den liberales artes gelehrte Recht näher bezeichnen, wird, von einer einzigen abgesehen, in den älteren Zeiten immer nur das romische Recht genannt. S. o. VIII. c, d, e, g. Diese eine ist die o. VIII. f mitgetheilte, worin von dem Heil. Aicadrus berichtet wird, er habe zufolge seiner vollendeten Ausbildung in den freien Künsten auch das canonische Recht gekannt. Man wird sonach annehmen dürfen, dass die Berucksichtigung auch dieses Rechtes

In Frankreich, England und Deutschland legte man dabei das westgothisch-römische Gesetzbuch, und zwar zumeist wohl einen der daraus — gewiss hauptsächlich für Schulzwecke — gemachten Auszüge zu Grunde;[g] in Italien ergaben sich als das gewöhnliche Lehrbuch von selbst die Institutionen Justinian's[h] oder eine abgekürzte Bearbeitung

an den Schulen der liberales artes in jenen früheren Zeiten ziemlich selten war; und in der That scheint es erst seit dem 10. Jahrh. eifriger und allgemeiner an den Schulen betrieben worden zu sein. S. Specht S. 63 ff. Im 11. Jahrh. erscheint es freilich in der Confutatio rhetoricae Ekkehard's IV. gleichermafsen wie das römische als Stück des Unterrichtes in der Rhetorik, denn das Beispiel in der Glosse über vers. 16 ist vom canonischen Rechte hergenommen. S. o. XI. d. Eine merkwürdige Ausnahme von der Regel scheinen bereits in den gedachten älteren Zeiten die Schulen in Deutschland gemacht zu haben insofern, als hier auch die geltenden deutschen Volksrechte gelehrt wurden. S. Zeitschr. d. Sav. Stift. VII. Rom. Abth. Heft 2 S. 86 ff.

g) In Rücksicht auf Frankreich s. die Stellen o. VIII. c, e, in Bezug auf England Savigny II. §§. 58, 59 und §. 20 E, in Ansehung Deutschlands Ztschr. d. Sav. Stift. a. a. O. S. 90. Die Benutzung des Breviars in den Schulen wird auch bewiesen durch die Glossen, die sich in mehreren alten Handschriften des Gesetzbuches finden, und zwar, was sehr zu beachten, abgesehen von der alten Lyoner Glosse blofs in solchen, welche wesentlich nur die Interpretatio enthalten, hierin also den Auszügen sehr nahe treten. Vgl. Haenel, Lex Rom. Visigoth. p. XXIV., 459 sqq. Unter den letzteren verräth die Scintilla (vor 838, wohl noch 8. Jahrh.) ihre Abfassung durch einen Rechtslehrer, und also für die Schule, schon dadurch, dass in sie aus einem im Breviar fehlenden Titel des echten Theodosischen Codex ein von den Privilegien der »medici et rectores ac praeceptores« handelnder Satz aufgenommen ist. Vgl. Haenel p. XXVII., 240. Auch die sog. Epitome Monachi (8. Jahrh.) war wohl hauptsächlich für die Schule bestimmt und wurde jedenfalls beim Unterrichte benutzt, da sie in der Pariser Handschrift 4419 mit auf die Schule weisenden Glossen versehen ist. S. Haenel p. XXIV., 459 sqq., besonders glo. Uterini. Am häufigsten scheint aber die sog. Epitome Aegidii (Anf. des 8. Jahrh.) gebraucht worden zu sein; denn dafür zeugt nicht allein die grofse Zahl der Handschriften (s. Haenel p. LXXV. sqq.) und die Ausstattung mit Glossen (s. Haenel p. XXVI. und p. 20, 38, 300, 352, 380, 435), sondern auch und namentlich die von Rockinger in den Sitzungsberichten der philos.-phil. und histor. Classe d. Kgl. Bayer. Akad. d. Wiss. 1884 S. 180 ff. erwiesene wichtige Thatsache, dass diese Epitome sehr stark im Schwabenspiegel benutzt ist.

h) Dafür spricht, dass die Glossen der Institutionenhandschriften zu Bamberg (D. II. 3; 9. oder 10. Jahrh.), zu Monte Cassino (10. oder 11. Jahrh.) und zu Paris (4421; 11. Jahrh.) nach den von Conrat, Epit. Exactis reg. S. CCLI ff. und von Schrader, Prodrom. corp. iur. civ.

derselben.[i] Indessen wurden, wie leicht begreiflich, die Institutionen auch aufserhalb Italiens, wenn nicht als Lehrbuch, so doch zur eigenen Ausbildung der mit dem Rechtsunterrichte betrauten Lehrer, benutzt.[k] Ferner bediente man sich in Italien wie aufserhalb desselben auch anderer Hülfsmittel, wenn man sie besafs,[l] insbesondere der neuen Lehrbücher und anderen vornehmlich für den Unterricht bestimmten Schriften, welche seit dem 11. Jahrhundert in selbständigerer Form entstanden.[m]

---

p. 228 sq., 230 mitgetheilten Proben aus dem an Schulen der freien Kunste, meist wohl von selbst nur sehr ungenügend rechtskundigen Lehrern, ertheilten Rechtsunterrichte herzuruhren scheinen. Ferner führt Petrus Damiani in seinen Werken überall nur die Institutionen als Quelle an. Vgl. Ztschr. d. Sav. Stift. VII. Rom. Abth. Heft 2 S. 54 fg.

i) Eine solche findet sich in der Handschrift der Turiner Universitats-Bibliothek D. V. 19 (früher H. II. 5) fol. 91ª—95ª. S. darüber Schrader, Prodrom. p. 145 sqq.

k) Sie kommen schon in einem Verzeichnisse der Bibliothek zu St. Gallen aus dem 9. Jahrh. vor. S. Becker, Catalogi Bibliothecarum antiqui p. 50 nr. 312. Sie wurden aber als Hülfsmittel des Studiums auch in Spanien gebraucht, wie sich bei richtiger Auslegung aus Lex Visigoth. II, 1 c. 8 (s. u. XXXVI) ergibt. S. Gaudenzi, Un' antica compilazione di diritto romano e visigoto (Bologna 1886) p. 59 segg. Die Bestätigung liegt darin, dass sie (mit anderen Stücken des Justinianischen Rechtes) neben der Lex Visigothorum und der Epitome Aegidii in dem doch wohl sicher in Spanien verfertigten interessanten Rechtsbuche auftreten, welches Gaudenzi in der genannten Schrift bekannt gemacht hat.

l) So gebrauchte man z. B. die alte, noch zu Justinian's Zeit entstandene sog. Turiner Institutionenglosse. S. u. XXIII. Ferner die zweifellos auf den Anfangsunterricht im Rechte berechnete, in der Form von Frage und Antwort verfasste alte Schrift, von welcher in dem von mir Compendium iuris genannten vierten Stücke der von mir herausgegebenen Handschrift Hänel's Bruchstücke auf uns gekommen sind, und welche, weil sie bei der Darstellung des gesetzlichen Erbrechtes zwar die Neuerungen Justinian's im Codex, nicht aber die viel wichtigeren der Novellen berucksichtigt, zudem merkwürdige Nachklänge des vorjustinianischen Rechtes aufweist, sicher auch noch unter Justinian verfasst ist (s. meine Juristischen Schriften des früheren Mittelalters S. 43 ff.). Für diese Schrift erhellt die Benutzung in den Schulen des Mittelalters theils daraus, dass in dem erwähnten Compendium iuris Bruchstücke aus ihr mit viel jüngeren Stücken zusammengeschweifst sind, theils aus dem weiteren bemerkenswerthen Umstande, dass sie im Brachylogus mit als Quelle erscheint. S. meine genannte Schrift S. 55 fg.

m) Hierher gehoren namentlich die nachweisbar bei dem Rechtsunterrichte gebrauchten Exceptiones Legum Romanorum des Petrus und der

Doch dies schlägt bereits in spätere Erörterungen ein, denen zur vollen Erledigung der zunächst gestellten Frage noch folgendes vorausgeschickt werden muss.

XIV. Wenn nämlich zur Erlangung einer wirklichen, genaueren Kenntniss des Rechtes und namentlich des römischen Rechtes, wie sie zur richtigen Behandlung der im Leben auftauchenden Rechtsfälle und Rechtsstreitigkeiten selbst in den anspruchlosen ersten Jahrhunderten des Mittelalters unentbehrlich war, der in den Schulen der freien Künste ertheilte Rechtsunterricht nicht ausreichte, so bedurfte es, um jenes Mafs der Rechtskunde zu erwerben, nothwendig einer weiteren Fortbildung, welche sich mindestens in Ansehung des römischen Rechtes nach der Beschaffenheit seiner Quellen nicht durch die blofse Praxis, sondern nur durch eingehendes Studium jener Quellen gewinnen liefs.[a] Als nächstes und regelmäfsiges Mittel dazu könnte man geneigt sein, das durch die in der Schule erhaltene Anleitung ermöglichte Selbststudium derselben zu betrachten. In der That deutet es wohl auf solches Selbststudium hin, wenn Gregor von Tours einen gewissen Celsus († 570), welchem der König Guntram von Orléans die Würde des Patriciates verlieh, als »iuris lectione peritus« bezeichnet.[b] Und ganz bestimmt ist in

---

ganz offensichtlich für die Schule bestimmte und in derselben benutzte Brachylogus. Vgl. u. XXVI und XXX. Ferner ist aber hierher zu rechnen der stark verbreitete tractatus de natura actionum, welchen ich als erstes Stück der erwähnten Hänel'schen Handschrift in meiner genannten Schrift S. 117 ff. herausgegeben habe. Vgl. u. XXIX. Desgleichen die nicht minder verbreitete Schrift: De actionum varietate et vita seu longitudine, Schriften wie die Expositio terminorum usitatiorum iuris utriusque und der Libellus de verbis legalibus, u. dgl. m. Vgl. u. XXIX und XXVII.

a) Wenn Savigny II. §. 42 in Ansehung des früheren Mittelalters schreibt: »Die wahre Mittheilung der Rechtskunde geschah auf praktischem Wege und stand theils mit den Schöffengerichten, theils mit dem Notariat in Verbindung: so im Römischen, wie in den Germanischen Rechten«: so kann ich dies in Betreff des römischen Rechtes für das Mittelalter so wenig zugeben, als es für die Gegenwart richtig wäre.

b) Hist. Franc. IV, 24 (Mon. Germ. Scriptt. rer. Merov. I. p. 159 sq.). Vgl. damit die übereinstimmende Ausdrucksweise in dem o. VIII. g mitgetheilten Stücke aus dem Briefe Aldhelm's.

dem schon früher (VIII. g) erwähnten Briefe Aldhelm's vom Selbststudium des römischen Rechtes wie der übrigen Zweige der liberales artes die Rede. Zugleich wird darin aber auch über die grofse Schwierigkeit des wissenschaftlichen Studiums geklagt, weil es so sehr an Lehrern mangele. Daraus erhellt, dass schon in den frühesten Zeiten des Mittelalters, trotz der damals verhältnissmäfsig so geringen Ausdehnung des Wissens, selbst reife, längst durch die Schule hindurchgegangene und für ihre Zeit hochgebildete Männer das Bedürfniss fühlten, auch zu tieferem Eindringen in die Wissenschaft sich der Anleitung und Hülfe kundiger Lehrer zu bedienen, und nur, wenn sie diese nicht haben konnten, zu der leidigen Nothwendigkeit des Selbststudiums griffen. Und je mehr sich allmählich die Wissenschaften entwickelten, um so stärker musste dieses Bedürfniss sich geltend machen. Unternahm man doch nicht selten weite Reisen, um sich durch den Besuch berühmter Schulen und den Unterricht hervorragender Lehrer weiter auszubilden.[e]

XV. Nicht minder wird aber, und das ist hier besonders wichtig, durch den gedachten Brief bewiesen, dass es auch in jenen frühen Zeiten bereits Männer gab, welche solchen höheren Unterricht ertheilten.[a] Dieser Beweis ist schon deshalb ohne weiteres auf die Rechtswissenschaft mitzubeziehen, weil sie ja in dem Briefe ausdrücklich und sogar an erster Stelle genannt ist. Und es darf sonach als positiv bezeugt angenommen werden, dass man auch zu weiterer Ausbildung im Rechte sich immer zunächst nach geeigneten Lehrern umsah und nur in Ermangelung solcher den Weg des Selbststudiums einschlug. Dafür sprechen denn auch die gewichtigsten sachlichen

---

[e]) Vgl. Specht S. 193 ff.

[a]) Zum Ueberflusse geht das, ebenso wie das Bedürfniss, sich wegen weiterer Fortbildung an kundige Lehrer zu wenden, auch hervor aus zwei bei Jaffé, Bibl. rer. Germ. tom. III. p. 34 sq., 35 sqq. zu findenden Briefen, worin Aldhelm selbst um die Ertheilung höheren Unterrichtes gebeten wird.

Erwägungen, und namentlich fehlt es an jedem denkbaren Grunde, weshalb, da doch auf dem Gebiete des Unterrichtswesens die sonstigen Einrichtungen und Uebungen des sinkenden Alterthums fortdauerten, gerade nur der besondere tiefergehende Rechtsunterricht, wie er am Ausgange des Alterthums nicht allein in Rom, sondern auch aufserhalb Italiens, z. B. in Narbonne (s. o. VIII. a), ertheilt worden war, auf einmal aufgehört haben sollte. Bestand doch bei der Fortgeltung des römischen Rechtes das Bedürfniss eines solchen Unterrichtes in unverminderter Stärke fort. Und wenn die altberühmte Schule zu Rom, auch als Lehranstalt für das Recht, von den Ostgothen erhalten, von Justinian neu bestätigt und überdies für das Abendland als die einzige berechtigte Rechtsschule erklärt worden war:[b] hätten dann die Päpste, die Häupter der Kirche, welche überall nach dem römischen Rechte lebte und daher dieses Rechtes kundiger Männer stets dringend benöthigt war, dieser Schule ein jähes Ende bereiten sollen? Das ist um so minder glaubhaft, als Gregor d. Gr. sogar eine neue Schule, die sog. schola cantorum beim Lateran, begründete, welche, und zwar als Schule nicht blofs des Gesanges, sondern aller freien Künste, die ja in der Musik als der letzten und obersten gipfelten, noch im 9. Jahrhundert in hohem Ansehen stand und auch im 10., ja selbst in der Mitte des 12. Jahrhunderts nachweisbar ist.[c] Auch zeugt für den Ruf der Schulen in Rom zur Zeit Karl's d. Gr. die Thatsache, dass dieser aus Rom Lehrer der liberales artes nach Frankreich mitnahm, um

---

b) Cassiodor. Var. IX, 21 (s. o. VIII. a); Iustiniani Sanctio pragm. c. 22, Const. Omnem rei publ. §. 7. Vgl. Savigny I. §. 133.

c) S. Ozanam, La civil. chrét. chez les Francs p. 533 s., Documents inédits p. 31 s., 40 s. In einer Urkunde vom 25. April 919 gibt die »scola cantorum qui appellatur orphanotrophio« durch ihren Primicerius ein ihr gehöriges Grundstück an zwei Privatpersonen auf drei Generationen, sodann in einer Urkunde vom 3. Febr. 949 dasselbe Grundstück an das Kloster zu Subiaco in Erbpacht: Il regesto Sublacense (Roma 1885) doc. 112 u. 113 (p. 159, 160). Der »Primicerius et schola cantorum« wird aber noch erwähnt in einem Schreiben des Papstes Alexander III. vom 5. Okt. 1159 bei Sarti Tom. I. P. I. p. XVII.

dort die Wissenschaften zu lehren.[d] Ferner beweisen zwei päpstliche Erlasse von 826 und 853, dass die Päpste überhaupt die Bildung schätzten und förderten und allenthalben die Bestellung geeigneter Lehrer befahlen.[e] Endlich und namentlich kommt aber die wichtige, von Giesebrecht vollständig erwiesene, Thatsache in Betracht, dass in Italien als bemerkenswerthe Eigenthümlichkeit nicht durchweg nur die Geistlichen, sondern auch die Laien sich mit den Studien befassten, und dass hier mit Vorliebe nicht die geistlichen, sondern die weltlichen Wissenschaften, namentlich die Grammatik und die ihr verwandten Fächer, gepflegt wurden.[f] Grund genug, insbesondere auch die Fortdauer der Rechtsstudien anzunehmen, welche ja von jeher den Ruhm Italiens ausgemacht hatten, und deren Betrieb Ehre und Geld eintrug.[g]

Da nun zudem ein Untergang der Rechtsschule zu Rom für die frühere Zeit nirgends bezeugt ist, so besteht gewiss alle Veranlassung, die bekannte, in seinen Vorlesungen mehrfach wiederkehrende und ausdrücklich auf die Ueberlieferung der Vorfahren gestützte Erzählung des

---

d) Ademar von Chabannes († um 1034) bemerkt in Histor. lib. II. c. 8 (Mon. Germ. hist. SS. IV. p. 118) zum Jahr 787: Karl d. Gr. habe sich von dem Papst Hadrian Sänger erbeten, um in Frankreich den Kirchengesang zu lehren, und fahrt dann fort: »Et domnus rex Karolus iterum a Roma artis grammaticae et computatoriae magistros secum adduxit in Franciam et ubique studium litterarum expandere iussit«. Und später: »In Franciam cum gloria reversus est adducens secum cantores Romanorum et grammaticos peritissimos et calculatores«. Die Quelle ist eine verhältnissmäfsig späte und zudem nicht überall zuverlässige. Doch besteht hier um so weniger Grund, die Richtigkeit zu bezweifeln, als der Bericht in Betreff der Sanger durch andere Zeugnisse vollkommen beglaubigt wird. S. auch Abel, Jahrbücher des Fränkischen Reiches unter Karl d. Gr. Bd. I. S. 478.

e) S. Giesebrecht de litter. stud. p. 11 und Ozanam, Docum. inédits p. 38.

f) S. Giesebrecht l. c. p. 8 sq., 12 sq., 18 sq., Ozanam, Docum. inéd. p. 13 ss., 10.

g) Vgl. die Ode Alphanus' I., Erzbischofs zu Salerno seit 1058, an den dortigen causidicus Romuald bei Ozanam, Docum. inéd. p. 259 s. und Ozanam p. 60 s.

Odofredus: das »Studium«, womit er die angesehenste Rechtsschule meint, sei zuerst in Rom gewesen, und erst nach der Zerstörung desselben »propter bella quae fuerunt in Marchia« sei Ravenna, zuletzt Bologna der Hauptsitz der Rechtslehre geworden,[h] — es besteht, sage ich, alle Veranlassung, diese Erzählung auch hierin nicht für eine bloſse, des geschichtlichen Grundes entbehrende Sage zu halten; gibt ihr doch schon die bestimmte Angabe des Grundes der Zerstörung ein ſestes geschichtliches Gepräge. Bei den »Kriegen in der Markgrafschaft« kann aber hier kaum an etwas anderes gedacht werden als an die Kriegszüge Heinrich's IV. gegen Gregor VII. in den Jahren 1081 bis 1084, welche vornehmlich in der Markgrafschaft Tuscien spielten.[i] Und diese Deutung wird unterstützt durch eine Aeuſserung des Cardinals Atto, welche beweist, dass überhaupt zur Zeit Gregor's VII. in Rom die Studien in Verfall gerathen waren, weil sich wegen der Ungesundheit der Stadt keine Lehrer dort niederlassen wollten.[k] Unter solchen Umständen begreift man leicht, dass ein Ereigniss wie etwa die Verheerung Rom's durch die Normannen im

---

[h]) Odofred. in Infortiatum, L. 82 ad Leg. Falc. verb. »Tres partes«: — — »Maiores nostri ita referunt. Debetis scire: studium fuit primo Romae; postea propter bella quae fuerunt in Marchia destructum est studium. Tunc in Italia secundum locum obtinebat Pentapolis, quae dicta Ravenna postea est, unde (ubi) Karolus fixit pedes suos, et ibi est testamentum eius, unde ibi coepit esse studium. Post mortem Karoli civitas illa collapsa est. Postmodum fuit translatum studium ad civitatem istam (sc. Bononiam).« Ich gebe die Stelle nach Savigny III. §. 158 IV. mit den Ergänzungen bei Sarti Tom. I. P. I. p. 6 not. c. Odofredus selbst steht mir nicht zu Gebote. S. auch Odofred. in Dig. vetus, L. 6 de iust. et iure und in Dig. novum initio (Savigny a. a. O. II. und V.).

[i]) So auch Bethmann-Hollweg, Der german.-roman. Civilprozess im Mittelalter II. S. 319.

[k]) Attonis cardinalis presbyteri († ante m. dec. a. 1083) Capitulare seu breviarium canonum in princ.: »Atto card. presb. de titulo S. Marci confratribus eiusdem ecclesiae salutem. Scio, dilectissimi fratres, quod duae causae sunt ignorantiae vestrae: una, quod aegritudo loci extraneos qui vos doceant, hic habitare non sinit, alia, quod paupertas vos ad extranea loca ad discendum non permittat abire.« S. Angeli Maii Scriptor. veter. nova collectio. Tom. VI. B. p. 60.

Mai 1084 den gänzlichen Untergang der alten Rechtsschule herbeiführen konnte.[1]

XVI. An ihre Stelle trat nach Odofred jetzt als erste die Schule zu Ravenna, welche schon vorher nächst der Römischen die angesehenste in Italien gewesen war.[a] Und hier wird nun seine Erzählung durch die bestimmtesten und mannigfaltigsten Zeugnisse unterstützt. Denn zuvörderst steht es ganz fest, dass in Ravenna, dem Sitze der byzantinischen Exarchen, das ganze frühere Mittelalter hindurch die weltlichen Studien eifrig betrieben wurden.[b] Sodann wird aber auch durch den Bericht des Petrus Damiani über seine Disputation mit den dortigen Juristen im Sommer 1045 zur klarsten Anschauung gebracht, dass um die Mitte des 11. Jahrhunderts zu Ravenna wirklich eine sehr besuchte und einflussreiche Rechtsschule bestand, an welcher das römische Recht von gewandten Rechtskundigen gelehrt wurde, die, wie damals auch die Rechtslehrer zu Pavia und später diejenigen zu Bologna,

---

[1]) Als Anzeichen eines so langen Fortbestandes dieser Schule erscheinen auch Gerichtsurkunden aus Rom vom 28. April 1060 und vom Jahr 1107 (Ficker, Urkunden zur Reichs- und Rechtsgeschichte Italiens Nr. 67 und 92), in denen Stellen des Corpus iuris wörtlich angeführt werden, und deren zweite sogar eine recht gute Kenntniss und scharfsinnige Behandlung des römischen Rechtes aufweist. Vgl. auch die Bemerkungen Ficker's zu dieser Urkunde. Weniger schlüssig ist hier die geschickte Abfassung des nach Jaffé-Wattenbach Reg. Pontif. Rom. Ed. II. Nr. 4500 im Jahr 1063 ergangenen Erlasses des Papstes Alexander II., welcher als c. 2 C. XXXV q. 5 in Gratian's Decret aufgenommen ist; denn von den juristisch gebildeten Männern am päpstlichen Hofe lässt sich nicht ohne weiteres vermuthen, dass sie ihre Ausbildung gerade in Rom erlangt hätten. — Als ein Erzeugniss der Schule zu Rom sind mit einiger Wahrscheinlichkeit die auf Entstehung in Rom gegen Ende des 10. Jahrh. weisenden Processformeln zu betrachten, welche sich im zweiten Anhange zu den Exceptiones des Petrus finden und von Conrat, Epitome Exactis reg. S. CXXI fg. aus einer Pariser Handschrift in berichtigter Form neu herausgegeben worden sind. S. meine Jurist. Schriften des früheren Mittelalters S. 85 ff.

[a]) Man vergleiche aufser den o. XV. h bezeichneten Stellen auch noch Odofred. in Auth. Qui res C. de sacrosanct. eccl. (Savigny IV. §. 2 not. a).

[b]) S. Giesebrecht de litter. stud. p. 8, 12 sq. (Zeugnisse für das 6., 7. und 10. Jahrh.), Ozanam, Docum. inéd. p. 8 ss.

zugleich als Richter und Sachwalter praktisch thätig waren.[c] Für das Selbstgefühl dieser Schule spricht der Umstand, dass sie sich nicht scheute, das canonische Verbot der Eheschliefsung unter Verwandten bis zur siebenten Generation in offener Auflehnung gegen den klaren Sinn der kirchlichen Vorschriften und ihre bisher ganz allgemeine Auslegung durch Deutung nach dem Sprachgebrauche des römischen Rechtes sehr erheblich abzuschwächen. Ihr grofser Ruf aber und ihr weitreichender Einfluss kann durch nichts in helleres Licht gesetzt werden als durch die Thatsache, dass diese ketzerische Ansicht trotz der überzeugenden mündlichen und schriftlichen Widerlegung durch Petrus Damiani immer weiter um sich griff und achtzehn Jahre später bis nach Neapel vorgedrungen war, so dass jetzt der Papst sich veranlasst sah, die Frage auf dem lateranischen Concil im April 1063 zur Verhandlung zu bringen und daraufhin jener Ansicht in einem ausführlichen Erlasse an alle Bischöfe, Geistlichen und Richter in Italien sowie noch in einem besonderen Schreiben an die Geistlichen der Neapolitaner Kirche entgegenzutreten.[d] Dabei ist aber noch sehr bemerkenswerth und gewiss das glänzendste Zeugniss für das hohe Ansehen der Schule zu Ravenna, dass gedachter Erlass sich nicht mit einer einfachen Verordnung begnügt, sondern in ganz ungewöhnlicher Art, und hierin vielleicht einzig dastehend, die Gründe, welche die dortigen Juristen zu Gunsten ihres Ausspruches geltend gemacht hatten, eingehend und mit dem Aufgebote aller juristischen Kunst der damaligen Zeit zu widerlegen sucht.[e]

Die Spuren der Rechtsschule zu Ravenna lassen sich aber mit genügender Sicherheit bis gegen den Anfang

---

[c]) S. Petrus Damiani, De parentelae gradibus (Opusc. VIII.).

[d]) Jener Erlass findet sich in Gratian's Decret als c. 2 C. XXXV. q. 5 (vgl. o. XV. 1), dieses Schreiben bei Hüffer, Beiträge zur Geschichte der Quellen des Kirchenrechts (Münster 1862) S. 119 ff.

[e]) Ausführlicher ist das alles von mir behandelt in der Ztschr. d. Sav. Stift. VII. Rom. Abth. Heft 2 S. 48 ff.

des 11. Jahrhunderts zurückverfolgen.[f] Nach der anderen Seite gibt sie ein kräftiges Lebenszeichen noch im Jahr 1080 in der merkwürdigen Schrift, welche der Ravennate Petrus Crassus zur Benutzung auf dem Brixener Concil an Heinrich IV. schickte, und deren Inhalt von einer sehr ausgedehnten Belesenheit und Gelehrsamkeit des Verfassers, vornehmlich aber von einer tüchtigen Kenntniss des römischen Rechtes Zeugniss gibt.[g] Man wird daher im Einklange mit den Erzählungen des Odofredus annehmen dürfen, dass die Schule fortgedauert hat, bis sie durch die Bologneser Schule erdrückt wurde.

XVII. Neben den Schulen für römisches Recht zu Rom und zu Ravenna bestand schon am Anfange des 11. Jahrhunderts zu Pavia eine blühende Schule für das langobardische Recht, deren rühriges inneres Leben sich namentlich in den Expositiones zum Liber Papiensis anschaulich spiegelt.[a] Sie lässt sich in ihnen bis zur Zeit ihrer Abfassung (um 1070) verfolgen.[b] Aus einem anderen Zeugnisse aber erhellt, dass die Hochschule zu Pavia noch um das Jahr 1120 fortbestand, und dass sie selbst damals, also trotz der bereits in frischer Entwickelung begriffenen Bologneser Schule, noch eines bedeutenden Rufes genoss, da sie sogar von Nordfrankreich aus besucht wurde, um dort das Recht oder die mit ihm ver-

---

f) S. Ztschr. d. Sav. Stift. a. a. O. S. 55 fg.

g) Die Schrift findet sich bei Ficker, Urkunden Nr. 80. Man vergleiche über sie Ficker, Forschungen III. S. 112 ff., Maafsen in den Sitzungsberichten der phil.-hist. Classe der Wiener Akad. Bd. LXXXV. (1877) S. 227 ff. Allgemein gilt Petrus Crassus selbst als der Verfasser der Schrift; nach den Versen am Schlusse hat er sie aber nur zur Uebersendung an den Konig von einem Anderen machen lassen. Dies nimmt natürlich hier ihrer Beweiskraft nichts.

a) S. über diese Schule: Merkel, Die Geschichte des Langobardenrechts I. (S. 13 ff.), Boretius in praef. ad Libr. Papiens. §§. 23, 45, 46, 58, 59, 61, 80 sqq., Ficker, Forschungen III. S. 44 ff.

b) Dieses selbst dann, wenn man mit Ficker a. a. O. S. 75 ff. geneigt wäre, Pavia nicht als den Entstehungsort der Expositio zu betrachten; denn die Papienser Juristen Wilihelmus und Hugo werden von dem Verfasser als Zeitgenossen behandelt. S. Boretius l. c. §§. 81, 87.

wandten Fächer: Dialektik und Rhetorik, zu studiren.[c] Schon sechszig Jahre früher erscheint Pavia gleichfalls als ein von Frankreich, namentlich von Südfrankreich, her der Studien, und insbesondere auch des Rechtsstudiums, halber stark besuchter Ort in einem Briefe, welchen im Sommer 1065 ein Mönch von Marseille aus Pavia seinem Abte schrieb.[d] Ohne Zweifel hat also dieses Verhältniss auch während der ganzen Zwischenzeit bestanden.[e]

Da man nun aber von Frankreich gewiss nicht zur Erlernung des langobardischen Rechtes nach Pavia ging, so muss hier auch das römische Recht, wenn auch nicht ganz eingehend und ausführlich, so doch in seinen Grundzügen und etwa mindestens in dem Umfange heutiger Institutionenvorlesungen, gelehrt worden sein. Und dieses lässt sich schon um deswillen nicht füglich bezweifeln, weil die Papienser Juristen bei ihrer Bearbeitung und Erklärung des langobardischen Rechtes das römische sehr stark berücksichtigten, ja dieses sogar als das allgemeine hinstellten, welches bei Lücken des langobardischen mafsgebend sein müsse.[f] Sonach waren die Vorträge über

---

[c]) Dieses wichtige Zeugniss besteht in einem von mir in der Ztschr. d. Sav. Stift. VII. Rom. Abth. Heft 2 S. 66 fg. herausgegebenen Musterbriefe aus der »Gemma«, d. h. einer zwischen 1119—1124 zu Pavia verfassten Anleitung zur ars dictandi, des Henricus francigena. Der zweifellos vornehmlich auf das Bedürfniss seiner in Pavia studirenden Landsleute berechnete Brief — Schreiben eines Scholaren an seinen Oheim um Geld — beginnt nämlich so: »Vestre paternitati, patruelium piissime, innotescat m e e x u l e m P a p i e studio l e g u m — *vel* dialetice — alacrem — — aderere« etc. Vgl. meine Bemerkungen a. a. O.

[d]) S. Martene et Durand, Veter. Scriptt. et Monum. ampl. coll. I. col. 470 sq. und meine Ausführungen in der Ztschr. d. Sav. Stift. VI. Rom. Abth. S. 135 fg. Anm. 3.

[e]) Und wohl auch schon in der ersten Hälfte des 11. Jahrh. Denn wenn Lanfrancus um 1035 aus seiner Vaterstadt Pavia nach Frankreich ging, um dort die liberales artes zu lehren, so liegt es doch sehr nahe, die Veranlassung dazu in dem Umstande zu suchen, dass auch damals schon zahlreiche Scholaren aus Frankreich nach Pavia kamen, so dass Lanfrancus dort einen starken Erfolg erwarten durfte, der ja denn wirklich nicht ausblieb.

[f]) So schon die »Antiqui« nach §. 4 der Expos. ad Wid. 5. S. aber noch die Nachweisungen bei Boretius l. c. (o. Anm. a) §. 69 in f. Die

langobardisches Recht ohne eine gewisse Vorkenntniss des römischen doch gar nicht zu verstehen. Bestätigend tritt die Nachricht hinzu, dass Lanfrancus in seiner Heimat das römische Recht gelehrt habe,[8] und der später noch näher zu berührende Umstand, dass die Exceptiones des Petrus in der Gestalt, in welcher sie das sog. Tübinger Rechtsbuch aufweist, höchst wahrscheinlich auf Pavia zurückgehen.

XVIII. Nach dem erwähnten Briefe von 1065 hätten aber damals viele Landsleute des Schreibers fast überall in Italien die »leges« studirt,[9] und er selbst bittet seinen Abt um die Erlaubniss, zu diesem Zwecke nach Pisa zu gehen. Danach ist nicht zu zweifeln, dass auch noch an anderen Orten als in Rom, Ravenna und Pavia, und dass insbesondere in Pisa Rechtsunterricht zu erhalten war. Wahrscheinlich handelte es sich dabei aber nicht um wahre Rechtsschulen, sondern blofs um die Unterweisung im Rechte, wie sie an allen Schulen der freien Künste in Verbindung mit der Rhetorik ertheilt wurde, an den namhafteren Schulen Italiens unter dem günstigen Einflusse der dortigen Rechtsschulen vermuthlich im Durchschnitte besser und gründlicher als an den entsprechenden

---

vielfache Berücksichtigung des römischen Rechtes schon in den alten, wahrscheinlich um 1037 verfassten Glossen zum Liber Papiensis erhellt aus den Angaben bei Boretius §. 55, die fortlaufende Benutzung aller Theile des Corpus iuris in der Expositio des Liber Papiensis aus der Zusammenstellung bei Boretius §. 70.

[8]) Sie findet sich in der Chronik des Robertus de Monte (s. u. XLVI. a). Freilich ist diesem Berichte viel falsches beigemengt, und besonders auffallend ist, dass darin Irnerius als Genosse des Lanfrancus auftritt. Allein sein Werth als Zeugniss für die Lehrthätigkeit des letzteren wird dadurch kaum geschwächt; denn von dieser konnte und musste doch Robertus, welcher dem Kloster zu Bec von 1128—1154 angehörte und seine Chronik 1150 begann, ganz zuverlässige Kunde haben, wenn auch von Irnerius nur unbestimmte Nachrichten zu ihm gedrungen waren. So auch Sarti Tom. I. P. I. p. 5 sq. nr. XIII.

[9]) »Nunc autem, quia per totam fere Italiam scholares et maxime Provinciales, — — legibus catervatim studium adhibentes incessanter conspicio, — — aliquantulam huiusmodi scientiam habere desidero.«

Schulen in Frankreich, so dass, was dort zu erlernen war, dem Bedürfnisse der Meisten genügen mochte.[b] Und sicher ist namentlich bei den Schulen zu Parma und Reggio, wo Anselm der Peripatetiker in der ersten Hälfte des 11. Jahrhunderts seine Bildung und dabei auch einen Anflug juristischen Wissens empfing, nicht an eigentliche, dieses Namens werthe, Rechtsschulen, sondern nur an Schulen der liberales artes zu denken.[c]

Uebrigens handelt es sich bei dieser Unterscheidung nicht um einen scharfen äufseren Gegensatz, wie er etwa gegenwärtig zwischen den Universitäten oder Rechtsfacultäten und den Gymnasien besteht. Vielmehr standen, wie Pavia und später auch Bologna zeigen, jene Rechtsschulen regelmäfsig mit Schulen der liberales artes in enger Verbindung und hatten sich, abgesehen von der Schule zu Rom, welche schon am Ausgange des Alterthums, aber auch nur als besonderer Zweig einer höheren Schule für sämmtliche Wissenschaften, als Staatsanstalt erscheint, in ähnlicher Weise wie die meisten Hochschulen für andere Wissenschaften ganz von selbst in Anlehnung an Schulen der liberales artes und aus solchen heraus entwickelt. Deshalb zog denn auch die Vorstellung der damaligen Zeit zwischen Hochschulen und Mittelschulen keinerlei scharfe Grenze, und eine solche erwuchs überhaupt erst daraus, dass gewisse Hochschulen durch die Ausbildung genossenschaftlicher Formen und durch besondere Privilegien den Charakter von Universitäten oder Studia generalia erhielten.[d] Man muss zum richtigen Verständnisse dieser Dinge immer beachten, dass damals, namentlich in Italien, fast alles der privaten Thätigkeit überlassen war, dass es dort aber auch zu allen Zeiten nicht an Privatlehrern fehlte, welche gegen Bezah-

---

[b]) Der Briefschreiber selbst will ja nur »aliquantulam huiusmodi scientiam« erwerben.

[c]) Vgl. Dümmler, Anselm der Peripatetiker S. 5.

[d]) Vgl. auch Kaufmann, Geschichte der deutschen Universitäten I. S. 104 fg., 219 Anm. 3.

lung Unterricht gaben.[e] Gelang es einem bedeutenden Lehrer, durch höheren Unterricht in einem gewissen Fache eine starke Anziehungskraft zu üben, und liefsen sich durch dieses Beispiel andere tüchtige Lehrer desselben Faches dauernd zu einer Wirksamkeit in gleichem Sinn an dem nämlichen Orte bestimmen: so war ganz von selbst und in der freiesten Weise eine Hochschule dieses Faches entstanden. In der That hat sich ja auf solche Art namentlich die Rechtsschule zu Bologna gebildet. Unter diesen Umständen ist gewiss zu Zeiten auch an anderen Orten als den genannten das Recht eingehender gelehrt worden; aber wahre Rechtsschulen, d. h. dauernde Sitze weiter- und tiefergehenden Rechtsunterrichtes, scheinen doch in Italien während des ganzen früheren Mittelalters blofs in Rom, Ravenna und Pavia bestanden zu haben.[f]

XIX. Aufserhalb Italiens lassen sich in diesem Zeitalter Spuren eigentlicher Rechtsschulen nur spärlich und blofs für Lyon und Orléans nachweisen.

Für Lyon deutet nämlich auf eingehendere schulmäfsige Behandlung des westgothischen Breviars in der Zeit zwischen dem Beginn des 7. und demjenigen des 9. Jahrhunderts die dortige, am Ende des 9. oder am

---

[e]) S. Giesebrecht de litter. stud. p. 8, 15 sqq., Ozanam, Docum. inéd. p. 9 s., 14 s., besonders aber Kaufmann a. a. O. S. 120 ff.

[f]) So tritt z. B. in einer Mailänder Urkunde von 853 ein »iuris magister« auf: Savigny I. §. 137. Savigny meint zwar, dass dies blofs »Rechtskundiger« heifse; allein er selbst sagt spater (IV. §. 25), dass der Beiname magister zu allen Zeiten bestimmt auf das Lehramt hindeute. Ferner mag gemäfs den Vermuthungen Ficker's (Forschungen III. S. 54 ff., 130, 137 fg.) um die Mitte des 11. Jahrh. auch zu Verona und zu Nonantula das Recht gelehrt worden sein. Bewiesen ist das freilich nicht, und dauernde Rechtsschulen haben an diesen Orten wohl gewiss nicht bestanden. Vgl. übrigens Ficker, Ueber die Entstehungsverhältnisse der Exceptiones Legum Romanorum (Mittheilungen des Instituts für österr. Geschichtskunde. II. Ergänzungsband) S. 62. Weit eher könnte man nach einigen Anzeichen an eine Rechtsschule zu Salerno denken. Doch lässt sich darüber zur Zeit so wenig sicheres sagen, dass es rathsamer scheint, diese für den nachsten Zweck vorliegender Schrift ganz unerhebliche Frage hier nicht weiter zu verfolgen.

Anfange des 10. Jahrhunderts geschriebene Handschrift dieses Gesetzbuches mit ihren merkwürdigen Inhaltsangaben (»expositiones«) und Glossen, welche sich von allen anderen Glossen zum Breviar schon dadurch unterscheiden, dass sie dem vollständigen Gesetzbuche und nicht einer mehr oder minder abgekürzten Bearbeitung desselben beigefügt sind. Sie stehen aber auch ihrem Inhalte nach viel höher als jene, und geben namentlich, wiewohl gleichfalls unverkennbar der Schule entstammend, nicht vorwiegend nur aus Isidor oder anderen auf den Schulen der freien Künste gebräuchlichen Schriften entnommene Worterklärungen, sondern Bemerkungen sachlicher, besonders geschichtlicher Art, welche eine für seine Zeit sehr gediegene Bildung ihres Urhebers bekunden.*

Für Orléans liefert schon das erste Drittel des 9. Jahrhunderts einen fast unmittelbaren Beweis des Daseins einer Mehrzahl von Rechtslehrern und also einer Rechtsschule. Adrevaldus, welcher, geb. um 820, vom Knabenalter an dem Kloster Fleury in der Nähe von Orléans angehörte, berichtet nämlich in seinem Buche über die Wunder des Heil. Benedict in Frankreich von einem Processe zwischen seinem Kloster und dem Kloster St. Denis, welcher innerhalb der Jahre 825—834 vor dem Bischof Jonas zu Orléans und dem Grafen Donatus von Melun als Königsboten verhandelt wurde. In diesem Berichte findet sich folgende Stelle: »Colliguntur ab utrisque partibus plurimi legum magistri et iudices, qui pro partibus decertarent. — — Sed cum litem in eo placito finire nequirent eo, quod Salicae legis iudices ecclesiasticas res sub Romana constitutas lege discernere perfecte non possent, visum est missis dominicis placitum Aurelianis mutare. Venientes

*) Man vergleiche wegen des gesagten die Aeufserungen von Haenel, Lex Romana Visigoth. p. XXIV., XXVIII. sq., XLVIII. sq. und die Glossen selbst p. 461 sq. und an den dort von Haenel angegebenen Orten. Besonders interessant ist die Einleitung zu den Novellen (Haenel p. 255), welche von der Geschichte des Theodosischen Codex und des Breviars handelt, zugleich aber zeigt, dass dem Verfasser auch die Justinianische Gesetzgebung nicht unbekannt war.

itaque ad condictum locum legum magistri et iudices utraque ex parte acerrime decertabant; aderant namque legum doctores tam ex Aurelianensi quam ex Vastinensi provincia.«[b] Unter den zweimal genannten »legum magistri« können doch wohl nur Rechtslehrer verstanden werden.[c] Und da nun an erster Stelle der Vogt von Fleury, an zweiter derjenige von St. Denis genannt ist, so erscheinen die entsprechend zweimal an erster Stelle genannten »legum magistri« als von jenem ersten, die »iudices« als von diesem zweiten gestellt. Und das lässt eben mit grofser Wahrscheinlichkeit auf das damalige Dasein einer Rechtsschule zu Orléans schliefsen.

Dieser Schluss wird aber zu einem völlig unbedenklichen, wenn in der Bulle Clemens' V. vom 27. Januar 1306, welche dem »Studium« zu Orléans die Privilegien einer Universität verlieh, ausdrücklich bezeugt wird, das Rechtsstudium und besonders dasjenige des weltlichen Rechtes (»literarum studium in utroque iure ac praesertim

---

[b]) Monum. Germ. hist. SS. XV. p. 489 nr. 25. Die für den Process gemachte Zeitbestimmung rechtfertigt sich daraus, dass Jonas von 825 bis 843 Bischof von Orléans war, dem Grafen Donatus aber der comitatus Melodunensis 834 genommen wurde.

[c]) S. die o. XVIII. f angeführte Bemerkung Savigny's. Er selbst scheint freilich (I. §. 136) »legum magistri« und »legum doctores« hier für gleichbedeutend zu halten und bei jenen wie bei diesen nur an Schöffen zu denken. Allein er setzt sich dadurch mit jener seiner eigenen Bemerkung in Widerspruch. Auch ist die gleiche Bedeutung der genannten Ausdrücke in der Stelle zu leugnen. Will man auch zugeben, was nach der Fassung doch sehr bestreitbar ist, dass die »legum magistri et iudices« hier nicht als blofse Sachwalter der Parteien, sondern als »legum doctores« im Sinn von Schöffen thätig sind, so wird doch zwischen beiden zweimal scharf unterschieden, und »legum magistri« muss daher hier eine andere Bedeutung haben als »legum doctores«. Uebrigens wird dieser letzte Ausdruck hier einfach im Sinn von Rechtskundigen zu nehmen sein (s. o. XIII.). — Auf Rechtslehrer in Orléans wird die Stelle auch gedeutet von der gelehrten Verfasserin einer sehr sorgfältigen und lehrreichen, im Jahr 1875 von der Société archéologique et historique de l'Orléanais mit dem ersten Preise gekrönten und in den Mémoires dieser Gesellschaft tom. XIVe p. 299 ss. veröffentlichten Abhandlung: »L'enseignement des lettres et des sciences dans l'Orléanais depuis les premiers siècles du christianisme jusqu'à la fondation de l'Université d'Orléans« par Mlle A. de Foulques de Villaret p. 397 s.

civili«) habe in Orléans von Alters her (»ab antiquo«) geblüht, und wenn dieses Zeugniss durch die gleichlautende Aeufserung in einem Schreiben Bonifacius' VIII. vom 1. März 1301 bekräftigt wird.[d]

Zum Ueberflusse lassen sich für das Leben der Schule in der Zwischenzeit starke Beweise liefern. Zuvörderst hat neuerdings Denifle aus bisher unbekannten Urkunden dargethan, dass in Orléans schon am Anfange des Jahres 1235, und zwar nicht etwa als neue Einrichtung, eine gröfsere Zahl von Lehrern unter Zulauf einer bedeutenden Menge von Scholaren das römische Recht vortrug, und dass die dortige Rechtsschule am Ende des 13. Jahrhunderts als Schule des römischen Rechtes geradezu einen Weltruf erlangt hatte.[e] Sodann wird sich kaum mehr bezweifeln lassen, dass das vortreffliche unter dem Namen des Brachylogus bekannte Lehrbuch des römischen Rechtes um die Wende des 11. und 12. Jahrhunderts in Orléans verfasst und dort zum Unterrichte gebraucht worden ist,[f] — das glänzendste Zeugniss für das Dasein und die

---

d) Die hierher bezügliche Stelle der ersten Urkunde ist abgedruckt in meiner Schrift über die Heimat und das Alter des sog. Brachylogus (1880) S. 36 Anm. 74, die zweite, früher unbekannte, findet sich bei Denifle, Die Entstehung der Universitäten des Mittelalters bis 1400 (Berlin 1885) S. 254 Anm. 143. Man wird das »ab antiquo« in diesen Urkunden auf das Alterthum selbst beziehen dürfen. Vgl. meine genannte Schrift S. 36. Zu den dort angegebenen Gründen tritt hinzu, dass der zu Orléans geborene Heil. Lifardus von Meung († um 565) laut seiner um die Mitte des 7. Jahrh. verfassten Lebensbeschreibung eine tüchtige Kenntniss des weltlichen Rechtes besafs, welche er doch ohne Zweifel in seiner Vaterstadt selbst erlangt hatte. S. Vita S. Lifardi abbatis Magdunensis nr. 2 (Mabillon, Acta Sanctor. ord. S. Bened. Saec. I. p. 154): »Beatus igitur Lifardus ex inclita Aurelianorum civium prosapia ortus, dum in annis esset iuvenilibus, instantis saeculi dignitatem nobiliter est assecutus. Erat enim in causarum temporalium legibus discretor praecipuus, sed divina favente gratia in eisdem iudiciis aequitatis rationem considerans a tramite non exorbitabat rectitudinis.«

e) S. Denifle a. a. O. S. 252 ff. Vgl. aber auch schon die oben in Anm. c genannte Abhandlung von Mlle de Foulques de Villaret p. 397, 424.

f) Die Gründe zeigt meine oben in Anm. d genannte Schrift. Die früher als entscheidender Beweis für die italienische Herkunft des Buches betrachtete Anführung des »capitulare legis Longobardicae« in Brach. IV,

Tüchtigkeit der Schule auch zu dieser Zeit. Endlich geht aber aus diesem Buche mit Bestimmtheit hervor, dass die Schule, deren Erzeugniss es ist, ursprünglich auf dem Boden des westgothischen Breviars gestanden hatte und erst später zu einer Berücksichtigung auch des Justinianischen Rechtes übergegangen war,[5] woraus sich von selbst der Schluss auf einen bereits längeren Bestand derselben ergibt, so dass die Deutung der Stelle des Adrevaldus auf ihr Dasein auch von dieser Seite her als durchaus nicht gewagt erscheint, um so weniger gewagt, als Orléans schon am Anfange des 11. Jahrhunderts ein berühmter, von allen Seiten her besuchter Sitz wissenschaftlicher Studien war.

XX. Am Anfange des 11. Jahrhunderts hat sich als Stätte des Rechtsunterrichtes schon früher (VIII.) auch die Domschule zu Toul gezeigt. Ferner muss auf der Klosterschule zu Bec in der Normandie, seit dort Lanfrancus die artes liberales lehrte, auch das Recht, das Hauptfach des Lanfrancus in seiner Heimat, gründlicher, als durchschnittlich auf den Schulen der freien Künste, betrieben worden sein. Dafür spricht die gute Rechtskenntniss seines Schülers Ivo von Chartres[1] und der Umstand, dass der Abt Theobaldus von Bec, seit 1139 Erzbischof von Canterbury, zuerst dem Justinianischen Rechte

---

4 §. 18 bildet einen Gegenbeweis um so minder, als die langobardische Gesetzgebung frühzeitig auch aufserhalb Italiens sehr angesehen war und in juristischen Schriften französischen Ursprunges auch sonst angeführt wird. So findet sich die Lex Longobardorum bereits in einem Bücherverzeichnisse des Klosters Reichenau von 822 (Becker, Catalogi bibliothecarum antiqui p. 8 nr. 148); vor 842 kommt dann noch ein zweites Exemplar hinzu (Becker p. 22 nr. 19). Desgleichen ist sie im 12. Jahrh. im Besitze des Klosters St. Peter in Salzburg (Becker p. 236 nr. 164). Erwähnt und offenbar benutzt ist die »lex lombarda« in einer um 1170 zu Paris verfassten Summe des Gratianischen Decretes. S. Schulte, Zur Geschichte der Literatur über das Decret Gratians. Zweiter Beitrag. (Bes. Abdruck aus den Sitzungsberichten der phil.-histor. Cl. der Wiener Akademie. Bd. 64 S. 93 ff.) S. 33.

[5]) S. meine genannte Schrift S. 19 ff.

[1]) Vgl. Savigny II. §§. 106 ff. S. auch Savigny I. §. 135 not. d.

in England Eingang verschaffte.[b] Endlich darf man gegen Ende des 11. Jahrhunderts auch in Paris eine nicht ganz oberflächliche Behandlung des Rechtes annehmen; denn ohne diese Annahme bliebe es unbegreiflich, wie Peter Abälard, welcher um die angegebene Zeit seine Bildung in Paris empfangen hatte, trotz aller ihm eigenen Neigung zur Ueberhebung hätte dazu kommen können, sich Juristen vom Fache gegenüber mit der prahlerischen Behauptung lächerlich zu machen, dass er im Stande sei, jede Stelle des römischen Rechtes zu erklären.[c] Allein wahre Rechtsschulen stehen hier sicher überall nicht in Frage. Und wohl auch nicht in Reims, obgleich dort der spätere Erzbischof Adelbert II. von Mainz (1138—1141), der als junger Mann auf den Wunsch seines Oheims, des Mainzer Erzbischofs Adelbert I. (1111—1137), dahin gegangen war, um die Logik, d. h. nach dem Sprachgebrauche jener Zeit Dialektik und Rhetorik,[d] gründlicher zu studiren, auch das Recht in dem Mafse erlernte, dass er als Sachwalter auftreten konnte.[e]

XXI. Doch sei dem, wie immer: jedenfalls werden die gegebenen Nachweisungen genügen und mehr als genügen zur Erhärtung des Satzes, dass gleichwie im Alterthum, so auch zu allen Zeiten des Mittelalters das Recht, insbesondere das römische Recht, schulmäfsig, und zwar

---

[b]) Ioannes Saresberiensis, Polycrat. VIII. c. 22 (Opp. ed. Giles. Oxon. 1848. Vol. IV. p. 357, Savigny IV. §. 123); Schaarschmidt, Johannes Saresberiensis S. 17 fg.

[c]) S. darüber Savigny IV. §. 135.

[d]) Johannes Saresberiensis in seinem Metalogicus lib. I. c. 10 (Opera ed. Giles Vol. V. p. 29) sagt, dass man die Logik in einem weiteren die Grammatik einschliefsenden, oder in einem engeren blofs Dialektik und Rhetorik begreifenden Sinn verstehen könne. Seine Ausführungen in lib. I. c. 13 (p. 34) und in lib. II. prol. und c. 1 (p. 62), c. 2 (p. 66) zeigen aber, dass man sie gewöhnlich in diesem engeren Sinn verstand.

[e]) Anselmi Vita Adelberti II. Moguntini (scr. a. 1141—1142) v. 317 sqq. vbd. v. 158 sqq., 357 sqq. (Jaffé, Bibl. rer. Germ. III. p. 578, 573, 579). — Nach der Hist. litér. de la France t. VII. p. 61, t. IX. p. 217 wäre im 10. und 11. Jahrh. auch zu Angers Rechtsunterricht ertheilt worden. Dies ist zwar an sich sehr wahrscheinlich, geht aber aus den dafür geltend gemachten Zeugnissen nicht ausreichend sicher hervor.

auch an wahren Rechtsschulen, gelehrt wurde, dass also die mündliche und schulmäfsige Lehre des Rechtes zu Bologna durchaus nichts neues, vorher unerhörtes, sondern nur die einfache Fortsetzung einer seit dem Alterthum niemals unterbrochenen Uebung war. Ueberhaupt hat sich herausgestellt, dass die Entstehung der Rechtsschule zu Bologna, äufserlich betrachtet, gar keinen sonderlichen Abschnitt macht, dass vielmehr die äufseren Verhältnisse des Rechtsstudiums vor Irnerius, und namentlich im ganzen 11. Jahrhundert, von denjenigen der Folgezeit gar nicht wesentlich verschieden waren. Vorher wie nachher war auf den Schulen der liberales artes ein gewisser Rechtsunterricht als Stück der allgemeinen Bildung mit der Rhetorik verbunden; vorher wie nachher musste man, um eine umfassendere und tiefere juristische Bildung zu erhalten, eigentliche Rechtsschulen besuchen.

Es ist nun weiter zu zeigen, dass auch in der schriftstellerischen Bearbeitung des römischen Rechtes durch die Bologneser Schule nichts geschichtlich neues auftritt, dass vielmehr

2. zu allen Zeiten des Mittelalters eine Rechtsliteratur bestanden hat.

XXII. Was hier vor allem diejenige Literaturform anlangt, in welcher man nicht selten gerade die Eigenthümlichkeit der Bologneser Schule erblickt, und welche ihr sogar die Benennung der Glossatorenschule gegeben hat, nämlich die Erläuterung der Rechtsquellen durch beigeschriebene Glossen: so stellt allerdings Odofredus den Irnerius als den ersten Urheber von Glossen zu den Justinianischen Gesetzbüchern hin.* Allein diese Annahme der späteren Glossatoren war ein ganz entschiedener Irrthum, ohne Zweifel daraus entstanden, dass seit langer Zeit ältere Glossen als diejenigen des Irnerius in Bologna nicht mehr berücksichtigt worden waren. Irnerius selbst

*) S. die o. VI. b mitgetheilte Stelle.

tritt durchaus nicht mit jenem Anspruche auf, sondern er erwähnt in den wenigen bisher veröffentlichten seiner Glossen mindestens an Einer Stelle ganz bestimmt die abweichenden Ansichten Anderer, knüpft also hier ausdrücklich an eine ältere Literatur an.[b] Ferner hat unlängst Chiappelli nachgewiesen, dass die in der Pistoieser Handschrift des Justinianischen Codex enthaltenen, im Hinblick auf das Alter dieser Handschrift mindestens schon im 10. Jahrhundert vorhandenen Glossen in nicht geringer Anzahl in der Accursischen Glossensammlung wörtlich wiederkehren, also noch auf die späteste Glossenliteratur der Bologneser Schule eine Nachwirkung geübt haben.[c] Aehnliche Zusammenhänge der Schriften dieser Schule mit einer älteren Literatur werden sich im Verlaufe der Darstellung noch mehrfach ergeben. Hier ist es nicht nöthig, sie weiter zu verfolgen, weil das gesagte schon ausreicht, um auch die (Angesichts der erwähnten, von ihm selbst bekannt gemachten Glosse des Irnerius recht auffallende) Annahme Savigny's zu widerlegen: Irnerius habe alles aus sich selbst geschöpft und ohne Vorgänger gearbeitet (s. o. II a. E.). Vielmehr kann im Interesse der Kürze und Uebersichtlichkeit der einfache geschichtliche Weg eingeschlagen werden.

XXIII. Wenn man beobachtet, dass die wissenschaftlichen Bestrebungen des beginnenden Mittelalters überall

---

b) Glosse zu L. 8 C. de iuris et facti ignor. 1, 18 (bei Savigny IV. Anhang II. Nr. 31): »Cum ex ignorantia deficit id quod a sciente fieret, ut hic pactum, alias delictum (sicut rapina non dicitur, si quis credens sibi licere rem suam rapiat), sic sola professio ab ignorante facta non habet consensum, quod fieret, si sciret testamentum non valere. Sed quidam dicunt, pariter haberi scientem et ignorantem ius sive factum. y.« Vgl. Haenel, Dissens. dominor. Vet. coll. §. 48 (p. 34), Roger. §. 17 (p. 83), Hugolin. §. 4 (p. 251).

c) S. Chiappelli, La glossa pistoiese al Codice giustinianeo (Torino 1885), und zwar glo. 16, 19, 20, 56, 651, 654, 658, 663, 689, 690, 694, 713, 728, 742, 754, 755, 756, 775, 776, 788, 798, 801, 803, 812, 825, 858, 862, 884, 897, 921 mit den Nachweisungen Chiappelli's. Allerdings gehören nach neueren Untersuchungen Chiappelli's (Ztschr. d. Sav. Stift. VIII. Rom. Abth. S. 91) einige dieser Glossen erst dem 11. Jahrh. an. Das schwächt aber hier ihre Beweiskraft natürlich nicht.

an die Ueberlieferungen des sinkenden Alterthums anknüpfen und in der That nur in einer einfachen Fortführung der wissenschaftlichen Thätigkeit des letzteren bestehen, so darf man von vornherein auf dem Gebiete der Rechtswissenschaft die gleiche Erscheinung erwarten. Und diese Erwartung wird durch die Thatsachen vollkommen erfüllt.

Denn zuvörderst ergibt sich, dass auch hier die am Ausgange des Alterthums üblichen Schulbücher fortwährend gebraucht wurden und zum Theil viele Jahrhunderte lang auf die spätere Literatur einen nachhaltigen Einfluss äufserten.

Am anschaulichsten zeigt dies die sog. Turiner Institutionenglosse, d. h. eine fortlaufende Glosse zu den Justinianischen Institutionen in der Turiner Handschrift des 10. Jahrhunderts D. III. 13 (früher H. IV. 4). Der älteste und weitaus umfangreichste Theil dieser Glosse, dem Gesetzestexte von einer und derselben Hand des 10. Jahrhunderts hinzugeschrieben,[a] stammt, abgesehen von geringen, vermuthlich späteren Zuthaten, zweifellos noch aus der Zeit Justinian's[b] und ist nicht minder zweifellos aus der Schule hervorgegangen.[c] Diesem Glossenkern sind von mindestens vierzehn verschiedenen Händen des 10.,

[a]) Neu herausgegeben von P. Krüger in der Zeitschr. für Rechtsgeschichte VII. S. 44 ff. Seiner einleitenden Beschreibung der Handschrift sind meine Angaben über dieselbe entnommen. Zu bemerken ist aber, dass er neuerdings in den Vorbemerkungen zu seiner Institutionenausgabe die Handschrift in das 9. oder 10. Jahrh. setzt.

[b]) Schon von Savigny II. §. 71 und von Krüger S. 51 als sehr wahrscheinlich angenommen und von mir bewiesen in der Schrift: Ueber die sog. Turiner Institutionenglosse und den sog. Brachylogus (Halle 1870) S. 5 ff. Seitdem wohl nicht mehr bezweifelt.

[c]) Meine genannte Schrift S. 27 ff. Als auffallend konnte es nur erscheinen, dass trotz der bekannten Verbote Justinian's noch zu seinen Lebzeiten in Italien, wie auch sogar im ostromischen Reiche, solche jene Verbote weit uberschreitende Schriften entstehen konnten. Allein hier hilft gerade die Annahme des Ursprunges aus den Schulen zu einer sehr befriedigenden, schon von Heimbach in seinen Proleg Basilic. §. 4 (Basil. tom. VI. p. 7) gegebenen Erklärung. Denn wenn auch Justinian der literarischen Bearbeitung seiner Gesetzbücher enge Grenzen setzte, so konnte

11. und 12. Jahrhunderts weitere Glossen beigefügt,[d] deren Inhalt zum Theil ganz unzweideutig die Entstehung aus mündlichen Bemerkungen beim Lehrvortrage erkennen lässt.[e] Wenn aber jene alte Glosse im 10. Jahrhundert einer Institutionenhandschrift beigesetzt worden ist, und zwar von einer anderen Hand als derjenigen, welche den Gesetzestext selbst geschrieben hat, also nicht etwa als kenntniss- und gedankenlose Wiedergabe einer älteren Vorlage, sondern mit vollster, bewusster Absicht, — wenn sie ferner schon einzelne Bestandtheile enthält, welche sehr wahrscheinlich nicht mehr zum ursprünglichen Grundstocke gehören, und wenn sie endlich erkennen lässt, dass sie im 10. Jahrhundert nicht blofs in der Vorlage der Turiner Handschrift, sondern noch in anderen Exemplaren verbreitet war:[f] so kann kein Zweifel bestehen, dass sie auch in der Zwischenzeit zwischen dem Zeitalter Justinian's und dem 10. Jahrhundert fortwährend beim Unterrichte benutzt worden ist, und zwar — in Erwägung der durchschnittlichen Güte der Glosse begreiflich genug — nicht blofs vereinzelt, sondern in weiteren Kreisen und als ein sehr beliebtes Hülfsmittel.[g] Angesichts der sonach festgestellten Thatsache, dass die Glosse seit der Zeit ihrer ursprünglichen Entstehung bis in das 12. Jahrhundert hinein ununterbrochen als Lehrmittel gedient hat, kann es nicht mehr verwundern, auch ihren Einflüssen noch in

---

er doch ihre freie Erklärung bei dem Unterrichte nicht verbieten. Diese Erklärungen wurden von den Zuhörern nachgeschrieben und zufolge des dringenden Bedürfnisses solcher Hülfsmittel weiter verbreitet.

[d]) Unvollzählig abgedruckt in der Ausgabe der Turiner Institutionenglosse bei Savigny II. Anhang I. B.

[e]) So z. B. wenn es in glo. 274 ad §. 4 Inst. de SC. Tert. 3, 3 verb. »defraudebatur« geradezu heifst: »Hic magister elegit dicere: defrudebatur«.

[f]) Vgl. über dieses alles Krüger a. a. O. S. 47, 51.

[g]) Dafür zeugt auch, dass die in der glo. 70 auftretende Rechtsregel: »cedunt adiecta subiectis« in der Bamberger Institutionenglosse des 9. oder 10. Jahrh. (s. u. XXIV) in der Fassung wiederkehrt: »cedunt adiuncta subiectis«. S. Conrat, Epit. Exact. reg. S. CCLIII.

der jüngsten Glossatorenliteratur zu begegnen.[h] So tritt gerade hier die niemals abgebrochene Verknüpfung der modernen mit der antiken Rechtswissenschaft ganz handgreiflich zu Tage.[i]

Ein ähnliches Beispiel fortgesetzter, wiewohl ungleich weniger nachhaltiger und einflussreicher Benutzung gewähren die wohl auch noch aus Justinian's Regierungszeit und sicher aus der Schule stammenden Scholien zu Julian's Novellenauszug.[k] Sie finden sich nämlich in drei Handschriften dieses Auszuges aus dem 8., 9. und 10. Jahrhundert, und zwar nicht zur Seite des Textes, sondern in der Gestalt eines selbständigen Anhanges. Diese in solcher Gestalt in drei verschiedenen Jahrhunderten vorkommenden Abschriften würden schon für sich allein mit Sicherheit auf fortdauernden Gebrauch schliefsen lassen. Er wird aber auch unmittelbar durch die Thatsache bewiesen, dass die Scholien zum Theil in die Lex romana canonice compta und in die Collectio canonum Anselmo dedicata, beide aus dem 9. Jahrhundert, übergegangen sind.[l]

Als ein weiteres auf das Zeitalter Justinian's zurückgehendes, aber bis in das 12. Jahrhundert benutztes, und, weil nachweisbar eine der Quellen des Brachylogus, offenbar nicht selten benutztes, literarisches Hülfsmittel gibt

[h]) So in einem merkwürdigen Beispiel in der Summa Institutionum des Placentinus. S. meine Jurist. Schriften des früheren Mittelalters S. 109 Anm. 1. Ferner aber auch in der Glossensammlung des Accursius nach den Nachweisungen bei Conrat, Epit. Exactis reg. p. CCIII.

[i]) Es sei hier beiläufig bemerkt, dass sich diese Verknüpfung noch aus einer Menge anderer, völlig unzweideutiger Thatsachen ergibt, welche im Hinblicke auf den nächsten Zweck dieser Schrift nicht sämmtlich berührt werden können, die ich aber in der Ztschr. d. Sav. Stift. VI. Rom. Abth. S. 146 ff. übersichtlich zusammengestellt habe. Da übrigens auf allen übrigen geistigen Gebieten die Ueberlieferungen des Alterthums zweifellos und unbestreitbar ununterbrochen fortgedauert haben: warum hätten sie gerade nur auf dem Gebiete der Rechtswissenschaft abbrechen sollen?

[k]) Vgl. Haenel, Iuliani Epitome Novellarum p. XLVII., 178 sqq., Savigny II. §. 70.

[l]) S. Haenel p. XLVII.

sich ein Stück einer für den juristischen Anfangsunterricht bestimmten, in der Form von Frage und Antwort verfassten Schrift zu erkennen, welches in roher Verbindung mit mehreren anderen, zum Theil sehr viel jüngeren Stücken das von mir aus einer Handschrift Hänel's herausgegebene (schon o. XIII. 1 erwähnte) Compendium iuris bildet.

Es würde nicht eben schwer sein, noch mehr Fälle solcher Art beizubringen. Doch würde das, da die beigebrachten zum Beweise des aufgestellten Satzes vollkommen ausreichen, den Zweck und die Grenzen dieser Schrift überschreiten, und ich wende mich daher nunmehr dem weiteren Nachweise zu, dass, auch hierin dem Vorbilde des Alterthums folgend, das Mittelalter seit seinem Beginn fortwährend neue juristische Schriften hervorgebracht hat.

XXIV. Zunächst stöſst man zu allen Zeiten auf die schon im Alterthum übliche Form kürzerer oder längerer Bemerkungen zwischen den Zeilen oder am Rande des Gesetzestextes: zur Erläuterung desselben, zur Angabe anderer verwandter oder abändernder Gesetzesstellen, zur Hervorhebung allgemeiner Regeln u. dgl. m., kurz gemäſs dem bei den Glossatoren bestehenden Sprachgebrauche auf die Form der Glossen.* Und da, wie gezeigt, aus dem Alterthum selbst herrührende Bemerkungen dieser Art fortwährend benutzt wurden, so würde es auch geradezu wunderbar sein, diese bequeme und bei schulmäſsiger Erklärung des Gesetzestextes sich von selbst ergebende Form nicht in fortgesetzter Anwendung zu finden. Zum Belege ihrer Häufigkeit im ganzen früheren Mittelalter

---

*) Sehr auffallend ist die Aeuſserung Savigny's III. §. 207 a. E. dass eigentliche Glossen fast nur in Bologna entstanden seien und keine andere Rechtsschule in Italien oder Frankreich davon sichere Spuren liefere; denn die meisten vorbolognesischen Handschriften der Stücke des Corpus iuris sind mit Glossen ausgestattet, und nicht minder finden sich Glossen in zahlreichen Handschriften des westgothischen Breviars, um von en Glossen zum langobardischen Liber Papiensis gar nicht zu reden.

werden folgende Anführungen genügen. Von den acht an der Spitze von Krüger's Ausgabe der Institutionen verzeichneten ältesten Handschriften dieses Rechtsbuches sind, abgesehen von der Veroneser des 7. und von der Berliner des 9. Jahrhunderts, welche keine Glossen haben,[b] alle übrigen: die Bamberger (D. II. 3) des 9. oder 10. Jahrhunderts, die Turiner aus ungefähr derselben Zeit (s. o. XXIII. a), die Cassinenser des 10. oder 11. Jahrhunderts, die Pariser des 11. Jahrhunderts, die Bamberger (D. II. 4) des 11. oder 12. Jahrhunderts, die Kölner aus etwa gleicher Zeit, mit Glossen versehen,[c] welche, wie sich bereits gezeigt hat, in der Turiner Handschrift bis in das 12. Jahrhundert eine stetige Vermehrung erfahren haben. Unter den vorbolognesischen Handschriften des Codex sind die Pistoieser des 10., die Pariser des 11. und die Darmstadter des 11. oder 12. Jahrhunderts mit gröfstentheils gleichlautenden Glossen ausgestattet, wobei es starke Beachtung verdient, dass diese Handschriften den Codex (die neun ersten Bücher) nicht vollständig, sondern blofs in einem sichtlich für die Schule bestimmten Auszuge enthalten.[d] Die Pistoieser Glosse, unlängst von Chiappelli veröffentlicht, rührt in ihren ältesten Bestandtheilen schon

---

b) Bezuglich der Veroneser Handschrift nach Schrader, Prodrom. corp. iur. civ. p. 58 nr. XCI. in f., bezüglich der Berliner nach gefälliger Mittheilung von Seite der Kgl. Bibliothek zu Berlin.

c) S. Schrader p. 36 nr. I., p. 37 nr. III., p. 42 nr. XXX., p. 228 sqq., Conrat, Epit. Exact. reg. S. CCLI ff. und seine Ausgabe der Kölner Glosse im Archivio giuridico XXXIV. p. 105 segg. Diese Glosse ist der Zeit wie der Beschaffenheit nach sicher vorirnerisch. Vgl. Conrat, Arch. giur. p. 124 seg. und meine Bemerkungen in Ztschr. d. Sav. Stift. VI. Rom. Abth. S. 275 ff.

d) S. Codex Iustin. rec. P. Krueger p. V. sq., XVIII., Chiappelli, La glossa pistoiese (s. o. XXII. c) p. 18. Die Bestimmung des Auszuges für die Schule erhellt unmittelbar aus der Schlussbemerkung des Schreibers der Pariser Handschrift: »Finibus en libri complebo [*iussa*] magistri« und aus dem Mangel der in den Institutionen (IV. 1 §. 16) wiederkehrenden Worte der L. 22 §§. 1, 2 C. de furt. 6, 2 in den drei Handschriften, in der Pistoieser und Pariser erklärt durch die Bemerkung: »et cetera sicut legitur in institutionum lib. IIII. cp. I. usque ad illum finem«.

aus der Zeit vor dem 9. Jahrhundert her.[e] Sie ist in gleicher Weise wie die Turiner Institutionenglosse bis in das 12. Jahrhundert stetig vermehrt worden.[f] Von ihren Einflüssen noch auf die Glossensammlung des Accursius ist schon früher (XXII) die Rede gewesen. Zu dem Novellenauszuge des Julian treten vorbolognesische Glossen in drei Handschriften des 10. und in der schon genannten Kölner des 11. oder 12. Jahrhunderts auf.[g] Kurz, es fehlt zu allen Theilen des Corpus iuris an vorbolognesischen Glossen nicht; denn selbst zu den Digesten hat Mommsen Spuren von Glossen aus dem 10. oder den ersten Zeiten des 11. Jahrhunderts nachgewiesen.[h]

Ferner finden sich weit zurückreichende Glossen zum westgothischen Breviar. Die bereits (XIX) besprochene Lyoner Glosse stammt aus der Zeit zwischen dem Anfange des 7. und demjenigen des 9. Jahrhunderts. Die anderen bekannten Glossen stehen sämmtlich in Handschriften des 10. Jahrhunderts,[i] sind aber gewiss grofsentheils viel älter.

Auch Glossen des canonischen Rechtes treten in Frankreich schon im karolingischen Zeitalter auf.[k] Ferner sind bekanntlich die langobardischen Gesetze glossirt worden,[l] und es bedarf also wohl keines Beweises weiter,

e) S. meine Ausführung in Ztschr. d. Sav. Stift. VII. Rom. Abth. Heft 2 S. 10 fg.

f) S. Chiappelli in dieser Ztschr. VIII. Rom. Abth. S. 86 ff.

g) S. Haenel, Iuliani Epit. Nov. p. LII., 218 sq.

h) S. Mommsen in der Vorrede zu seiner gröfseren Digestenausgabe p. LXVIII. Vgl. Ztschr. d. Sav. Stift. VI. Rom. Abth. S. 111 fg. Die Berliner Digestenhandschrift des 9. Jahrh. hat keine Glossen.

i) S. Haenel, Lex Rom. Visigoth. p. XXIV.

k) Veröffentlicht von Maafsen in den Sitzungsberichten der phil.-hist. Cl. der Wiener Akad. Bd. LXXXIV S. 235 ff. Vgl. auch meine Schrift über die Heimath und das Alter des Brachylogus S. 29 fg. Ueber gleichzeitige Glossen einer im cod. Vaticanus 1339 saec. XI. in. enthaltenen, in Oberitalien verfassten Canonensammlung s. Zusatz von Merkel zu Savigny II. §. 104 I. in Savigny VII. S. 73 ff.

l) S. Merkel, Die Geschichte des Langobardenrechts S. 26 ff., Boretius in praef. ad Libr. Papiens. §§. 47 sqq. (Mon. Germ. Legg. IV. p. LXXV. sqq.). Die Expositio zum Liber Papiensis ist freilich schon mehr als eine blofse fortlaufende Glosse.

dass die Form der Glossen nicht erst von der Bologneser Schule neu erfunden oder nach Jahrhunderte langer Unterbrechung wiedergefunden zu werden brauchte, sondern den Schulen des früheren Mittelalters, und zwar in Italien wie in Frankreich, ganz eben so geläufig war. Aber damit noch nicht genug. Diese Schulen gingen sogar einen grofsen Schritt weiter als die Bologneser, indem sie auch die neuen selbständigen Lehrbücher, namentlich die Exceptiones des Petrus und den Brachylogus, mit Glossen ausstatteten.[m]

XXV. Aber sie haben nicht allein Glossen, sondern, wie eben schon berührt, auch Schriften in selbständigerer Form geschaffen. Freilich standen der Entwickelung einer solchen selbständigen juristischen Literatur aufser dem in den ersten Jahrhunderten des Mittelalters stets zunehmenden Verfall der Bildung auch Justinian's Verbote einer selbständigen literarischen Behandlung seiner Gesetzbücher sehr hinderlich im Wege, und für jene ersten Zeiten sind daher Erzeugnisse dieser Art von vornherein kaum zu erwarten. Nimmt man hinzu, dass die Literatur des früheren Mittelalters, insbesondere die lediglich für die Schule bestimmte und daher allen Gefahren der Veränderung des Bedürfnisses und des Umschlages der Ansichten oder selbst nur des Geschmackes ausgesetzte, nur sehr unvollständig auf die Gegenwart gekommen, das vorhandene aber noch weit unvollständiger erforscht ist: so darf es nicht wundern, dass solcher selbständigen juristischen Schriften aus der Zeit vor dem 10. Jahrhundert bis jetzt nur sehr wenige

[m]) Die Glosse zum Petrus rührt in ihrem Grundstocke (Angabe der Quellenbelege) hochst wahrscheinlich schon von dem ursprünglichen Verfasser des Rechtsbuches her (s. meine Ausfuhrung in Ztschr. d. Sav. Stift. VII. Rom. Abth. Heft 2 S. 33 fg.), ist aber dann bis zur Mitte des 12. Jahrh. fortwahrend vermehrt worden. Auch die Glossen zum Brachylogus konnen in ihren altesten Bestandtheilen nicht viel jünger sein als das Lehrbuch selbst und sind ebenfalls, wenn auch wohl mit den Anfangen der Bologneser Schule gleichzeitig, vollig unabhängig von derselben. S. meine Schrift über die Heimath und das Alter des Brachylogus S. 10 ff., 37.

mit Sicherheit nachgewiesen sind.[a] Aus diesem Jahrhundert sind aber schon mehrere bekannt,[b] und im 11. Jahrhundert zeigen sie sich in reicher Zahl.

XXVI. Gleich aus den ersten Jahren desselben, wenn nicht schon aus den letzten des 10. Jahrhunderts, stammen die Quaestiones ac monita, welche eine Reihe von Fragen theils nach dem langobardischen, theils nach dem römischen Rechte behandeln.[a] Erscheinen sie roh und ungelenk, so hat das Jahrhundert mindestens schon in seinem zweiten Drittel ein nach Form wie Inhalt recht bedeutendes Werk aufzuweisen, welches auf die spätere Rechtsliteratur sehr stark eingewirkt hat und namentlich im nördlichen Frankreich noch im 13. Jahrhundert als Lehrbuch gebraucht worden ist.[b] Nämlich die Exceptio-

---

[a]) Zwischen 817—855 verfasste ein gewisser Lupus für Eberhard, Markgrafen von Friaul, eine systematische Arbeit über langobardisches Recht: »Concordia de singulis causis«. S. Merkel, Die Geschichte des Langobardenrechts S. 19. Ferner treten im 9. Jahrh. Glossare über langobardisches Recht auf. S. Merkel S. 26 fg. — Ein in der Turiner Handschrift D. V. 19 fol. 86ᵃ—88ᵃ enthaltenes Stück, aus welchem Schrader im prodrom. corp. iur. p. 147 zwei interessante Capitel veröffentlicht hat, ist von mir in der Ztschr. d. Sav. Stift. VI. Rom. Abth. S. 124 Nr. 8, S. 169 dem 9. Jahrh. zugewiesen worden wegen Schrader's Bemerkung, dass kirchenrechtliche Quellen aus späterer Zeit am Rande nicht citirt seien. Nach Conrat, Das Ashburnhamer Rechtsbuch (1887) S. 27 Anm. 3 befände sich darunter aber eine Decretale von 1059, und danach wäre denn freilich das Stück weit jünger. Dagegen kann ich die Gründe, aus denen ich a. a. O. S. 164 ff. die Entstehung eines anderen Stückes derselben Handschrift fol. 78ᵇ—79ᵃ im 9. oder 10. Jahrh. als wahrscheinlich hingestellt habe, durch die Gegenbemerkungen Conrat's a. a. O. nicht für widerlegt halten.

[b]) S. Merkel, Die Geschichte des Langobardenrechts S. 27 u. S. 52 Anm. 5—9.

[a]) Die merkwürdige Schrift ist aus der höchst verderbten Gestalt, in welcher sie in zwei Mailänder Handschriften steht, meisterhaft wiederhergestellt von Boretius in Mon. Germ. hist. Legg. t. IV. p. 590 sqq. Wegen der Anhaltspunkte für die Altersbestimmung s. Savigny II. §. 86, Boretius in praef. ad Lib. Papiens. §. 75 (ibid. p. XCI. sq.). Sie treffen aber nur die Schrift in der Form, wie sie uns vorliegt. Die Stücke, aus denen sie zusammengesetzt ist, sind zum Theil älter.

[b]) Vgl. wegen des letzten die Ztschr. d. Sav. Stift. VII. Rom. Abth. Heft 2 S. 35 ff. Ich benutze gern die Gelegenheit zur Berichtigung eines unliebsamen Versehens, dessen ich mich dort S. 36 Anm. 2, S. 88, 90

nes Legum Romanorum des Petrus in der Gestalt des sog. Tübinger Rechtsbuches, deren Eigenschaft als Grundlage der erweiterten systematischen Form des Werkes jetzt wohl nicht mehr bestritten ist.[c] Jene Gestalt hat das Rechtsbuch höchst wahrscheinlich um 1063 und in Pavia erhalten.[d] Sie ist aber nicht die ursprüngliche, sondern entstanden durch leichte Ueberarbeitung eines älteren Werkes, welches, wie man aus sehr gewichtigen Rücksichten annehmen darf, vor die Mitte des Jahrhunderts zurückgeht und in Ravenna entstanden ist.[e] Als Verfasser lässt sich nicht ohne Wahrscheinlichkeit der Ravennatische Jurist und Rechtslehrer Petrus, Sohn des Rainerius, vermuthen, welcher von 1021—1037 viel in Urkunden vorkommt.

schuldig gemacht habe. Durch den Gleichklang des lateinischen Namens verführt, habe ich nämlich das Kloster Corbie an der Somme mit seinem Tochterkloster Corvey an der Weser verwechselt und so aus seinen Bücherverzeichnissen Schlüsse für Deutschland gezogen, die in Wahrheit nur für Nordfrankreich berechtigt sind.

c) Zuerst in meiner Ausgabe der Glosse zu den Exc. L. Rom. (Halle 1874) S. 26 fg. nachgewiesen (s. auch Ztschr. d. Sav. Stift. VII. Rom. Abth. Heft 2 S. 30 fg.), wird dieses Verhältniss neuerdings auch anerkannt von Ficker, Ueber die Usatici Barchinonae (1886) S. 34 ff. (Mittheilungen des Instituts für österreich. Geschichtsforschung. II. Ergänzungsband S. 269 ff.) und von Conrat, Das Ashburnhamer Rechtsbuch S. 2 ff. Durch Conrat's Entdeckung dieser Schrift, aus deren Verbindung mit dem Tübinger Rechtsbuche der erweiterte Petrus entstanden ist, ist die Frage vollends entschieden.

d) Die Gründe habe ich in Ztschr. d. Sav. Stift. VII. Rom. Abth. Heft 2 S. 42, 61 ff. dargelegt.

e) Dies hat in ungemein gründlicher und umsichtiger Weise Ficker gezeigt in der Abhandlung über die Entstehungsverhältnisse der Exceptiones Legum Romanorum. 1886 (Mittheilungen des Instituts für österr. Geschichtsforschung. II. Ergänzungsband S. 1 ff.), wozu meine Besprechung in Ztschr. d. Sav. Stift. VII. Rom. Abth. Heft 2 S. 27 ff. Ficker's Ergebnisse werden glänzend bestätigt durch seine wichtige Entdeckung, dass die Exceptiones bei der Abfassung der Usatici von Barcelona im Jahre 1068 benutzt worden sind, aber nicht in der Gestalt des Tübinger Rechtsbuches, sondern in einer älteren, welche noch keine provençalischen Zuthaten hatte, überdies Sätze enthielt, welche in jenem Rechtsbuche fehlen. S. darüber die oben Anm. c genannte neuere Abhandlung Ficker's, besonders S. 5 ff., 10 fg., 34 ff. (S. 240 ff., 245 fg., 269 ff.) und meine vorhin erwähnte Besprechung S. 42 ff.

f) Er tritt in den Urkunden als »P. scholasticus« oder »P. scholasticissimus« auf. Vgl. Ficker, Forschungen III. S. 104 fg. und z. B.

XXVII. Noch älter als dieses Lehrbuch ist aber ein anderes Werk, welchem ein noch viel nachhaltigerer Einfluss auf die Nachwelt, nämlich ein bis in die Gegenwart andauernder, beschieden war. Ich meine ein im Mittelalter aufserordentlich stark gebrauchtes juristisches Glossar, dessen Inhalt zu einem erheblichen Theil in die Epitome Exactis regibus und daraus in das bekannte, noch jetzt unentbehrliche juristische Wörterbuch des Brissonius übergegangen ist. Leider scheint es in seiner ursprünglichen alphabetischen Form[a] nicht mehr vorhanden zu sein. Es ist aber jetzt in drei späteren Ueberarbeitungen bekannt, deren jüngste, die soeben genannte Epitome Exactis regibus, aus der zweiten Hälfte des 12. Jahrhunderts herrührt,[b] während eine ältere, im nördlichen Frankreich verfasste, der Libellus de verbis legalibus, wohl der ersten Hälfte dieses Jahrhunderts zuzuweisen ist,[c] die ohne Zweifel älteste endlich, welche in den Anhängen zu den

---

die Urkunde vom 16. März 1032 bei Ficker, Urkunden Nr. 52. »P. scholasticissimus« ist aber gleichbedeutend mit »P. disertissimus«, und so wird der Verfasser der Exceptiones in allen Handschriften, die seiner gedenken, genannt. S. meine erwähnte Besprechung S. 57 ff., jetzt auch Ficker in seiner neueren Abhandlung S. 39 (274) Anm. 1. Es liegt sogar die Annahme nicht fern, dass dieser Petrus de Rainerio, vielleicht derselbe, welcher in einem sehr merkwürdigen Placitum zu Rom vom 4. April 998 (Reg. di Farfa Vol. III. doc. 426 p. 137 segg.) dem Abte von Farfa als neuer Sachwalter gegeben wird, den Beinamen scholasticissimus gerade als Verfasser eines dem Bedürfnisse der Schule entgegenkommenden Lehrbuches erhalten haben möchte. Vgl. Meier in der Abhandlung über die freien Künste (s. o. VII. a) I. S. 20 fg.

a) S. meine Jurist. Schriften des früheren Mittelalters S. 39 Anm. 8. Freilich könnte die älteste Form auch unalphabetisch gewesen, daraus ein Werk in alphabetischer Ordnung gemacht und diese dann im Libellus de verbis legalibus wieder verlassen worden sein. Wahrscheinlich ist aber eine solche Annahme gewiss nicht.

b) Neu herausgegeben von Conrat, Die Epitome Exactis regibus (Berlin 1884), welcher sie (S. CCXCIX fg.) in die Zeit um 1125 und in das lombardische Italien setzt. Sie gehort aber, wie von mir in der Zeitschr. d. Sav. Stift. VI. Rom. Abth. S. 178 ff. gezeigt, vielmehr sicher erst der zweiten Hälfte, vermuthlich erst dem letzten Drittel des 12. Jahrhunderts und sehr wahrscheinlich einem nördlicheren Theil Frankreichs an.

c) S. meine in der vorigen Anm. genannte Abhandlung S. 178 Anm. 1.

Exceptiones des Petrus steht und in der Strafsburger Ausgabe dieses Rechtsbuches von 1500 Expositio terminorum usitatiorum iuris utriusque genannt wird, vielleicht noch dem 11. Jahrhundert angehört.[d] Doch möge sie auch erst dem zwölften angehören: stets ist so viel bestimmt erkennbar, dass das Glossar, sei es in der ursprünglichen, sei es auch schon in einer überarbeiteten Gestalt, in den Exceptiones Legum Romanorum sowie in anderen juristischen Schriften des 11. Jahrhunderts als Quelle benutzt ist.[e] Aber freilich stöfst man auf Anklänge an es schon

---

d) Neu herausgegeben in meinen Jurist. Schriften des früheren Mittelalters S. 158 ff.

e) So wird in Petr. II, 1 (= Tub. 83), Petr. II, 13 (= Tub. 9) und Petr. II, 15 (= Tub. 85) »interesse id est damnum quod passus est« wortlich gleich wie in Expos. term. 21, Verb. leg. 3, Epit. Exact. reg. V, 52 definirt. Petr. III, 11 (= Tub. 20)· »imponetur ei deportationis poena, id est exilium perpetuum« stimmt mit Expos. term. 18^{b} wortlich überein. Ebenso wiederholen sich in Verb. leg. 31 vorkommende Erklarungen von iudices ordinarii und extraordinarii nahezu wortlich in Petr. IV, 1 (= Tub. 128). In Petr. III, 2, 11 (= Tub. 16, 20) wird, im Widerstreite mit dem Justinianischen Rechte sowie mit Isidori Origines V, 26, aber durch §. 1 in f. Inst. vi bon. rapt. 4, 2 veranlasst, scharf zwischen invasio als nur bei unbeweglichen und zwischen rapina und furtum als nur bei beweglichen Sachen moglich unterschieden in genauer Uebereinstimmung mit Expos. term. 63, 70, Verb. leg. 63. U. dgl. m. Dieselbe Unterscheidung kehrt in der Expositio zum Liber Papiensis: Pipp. 23 mit den Worten wieder: »Notandum est, quod »tollere« dicitur quantum ad res mobiles, »invadere« quantum ad immobiles«. (Ebenso auch schon die Glosse zu dem Capitel.) Ferner wird aber eine in Expos. term. 56, 57 und Verb. leg. 62 neben einer entsprechenden Definition von lucrum als »adquisitio rei alienae sine compensatione nostra« gegebene Definition von damnum als »amissio nostrae rei sine compensatione alterius« in Lib. Pap. Expos. §. 3 ad Karol. M. 101 den Digesten zugeschrieben, ein Beweis, dass sie um 1070 eine allgemein bekannte, altherkommliche war. Die allgemeine Verbreitung dieser Definitionen im 11. und noch im 12. Jahrh. wird auch bewiesen durch ihr Auftreten in der Kolner Institutionenglosse (glo. 43) und noch in den Distinctionen des Hugo († um 1168): s. Savigny IV. Anh. VII. nr. 87. Die gleichmäfsigen Beziehungen des Glossars zu diesen verschiedenen und noch anderen Schriften, wie z. B. zu derjenigen, woraus die dem Tübinger Rechtsbuche angehängten c. 143—145 stammen (s. meine Jurist. Schriften des früheren Mittelalters S. 71), schliefsen den Gedanken aus, die Uebereinstimmung umgekehrt aus der Benutzung dieser Schriften von Seite des Verfassers des Glossars zu erklaren.

in weit früheren Zeiten, und man hat daher, wie noch aus anderen, hier nicht zu erörternden Gründen, ein gewisses Recht zu der Vermuthung, es möge zu den, wenigstens in seinem Grundstock und Kern, aus dem Alterthum selbst herstammenden Schriften gehören.[f]

XXVIII. Ein höheres Alter als den Exceptiones Legum Romanorum darf mit grofser Wahrscheinlichkeit auch einem Institutionencommentar zugeschrieben werden, von welchem in den Anhängen zu jenem Rechtsbuche in seiner systematischen Form ein Bruchstück auf uns gekommen ist, worin die Wissenschaft des römischen Rechtes schon in vollster und lebendigster Entwickelung erscheint.[a] Denn er zeigt zu den Exceptiones die engsten und merkwürdigsten Beziehungen, und diese sind mehrfach von der Art, dass nicht wohl zu bezweifeln ist, er habe für die Exceptiones als Grundlage und Quelle gedient.[b] Sollte aber auch das Verhältniss das gerade umgekehrte sein, oder sollten jene Beziehungen der beiden Schriften in der Benutzung einer gemeinsamen Quelle ihren Grund haben: so kann doch mindestens so viel gar keinem Zweifel unterliegen, dass der Commentar dem

---

f) So heifst es in Verb. leg. 51: »Hychonomus vel echonomus graece dispensator dicitur latine«, und nahezu wörtlich gleich in folgender alter Glosse (Handschr. des 10. Jahrh.) zu Iul. Epit. c. 25 (Haenel, Iul. Epit. p. 218): »yconomus economist (*leg.* yconomi sive economi sunt) dispensatores domus«. Ferner scheint der in der vorigen Anm. erwähnte Unterschied zwischen invasio einerseits, rapina und furtum andererseits schon in dem angegebenen Capitel Pippin's selbst gemacht zu werden in den Worten: »Ut nullus alteri praesumat res suas aut aliam causam sine iudicio tollere aut invadere«. Unsicher sind die von Chiappelli angenommenen Beziehungen zwischen den Pistoieser Glossen zum Codex und dem Libellus de verbis legalibus. — Wegen der Beliebtheit der Glossare im ganzen früheren Mittelalter s. Conrat, Die Epitome Exactis regibus S. CCCXXII. ff. und Merkel, Die Geschichte des Langobardenrechts S. 26 fg., wonach Glossare über langobardisches Recht schon im 9. Jahrh. vorkommen.

a) App. Petri I. c. 4—13, neu herausgegeben in meinen Jurist. Schriften des früheren Mittelalters S. 152 ff. Vgl. auch S. 70 ff. daselbst.

b) Vgl. meine Jurist. Schriften S. 72, 73 Anm. 7 und Ztschr. d. Sav. Stift. VI. Rom. Abth. S. 140.

nämlichen Literaturkreise angehört wie die Exceptiones, und dass er so wenig wie diese unter dem Einflusse der Bologneser Schule entstanden ist. Denn nicht allein weicht sein Sprachgebrauch in auffallenden Eigenthümlichkeiten von demjenigen der Bologneser Schule ab, während er mit demjenigen des genannten Literaturkreises übereinstimmt, sondern er enthält auch Rechtssätze, welche zwar in diesem Literaturkreise allgemein verbreitet waren, aber, weil sie dem richtig verstandenen Justinianischen Rechte widerstreiten, jener Schule gänzlich fremd sind.[c] Freilich findet sich auch übereinstimmendes, und namentlich kehren manche Streitfragen, von denen der Commentar berichtet, in den Schriften der Bologneser Juristen wieder.[d] Darin liegt aber nur ein neuer Beweis, dass diese Schriften an eine ältere Literatur anknüpfen und auf ihrem Grunde fortbauen.

---

[c]) So zwar nicht gerade in der auch in dem Commentar (App. Petri I. c. 8, 9) gemachten Unterscheidung von invasio als beschränkt auf unbewegliche Sachen einerseits und von rapina und furtum andererseits (s. o. XXVII. e); denn ein — schwerlich verbesserter — Nachklang dieser Unterscheidung kommt noch in der Accursischen Glosse vor. S. glo. occupatam ad L. 5 C. de rei vind. 3, 32: »occupatam: improprie dicitur, cum res immobilis dicatur invadi, mobilis occupari (?), ut instit. vi bo. rapt. §. penult.« Ferner glo. res soli ad §. 1 in f. Inst. vi bon. rapt. 4, 2. Wohl aber ist dem Sprachgebrauche der Bologneser Schule gänzlich fremd der aus der langobardischen Rechtssprache stammende Ausdruck »caput« im Sinn von aestimatio rei. S. App. Petri I. c. 5, 11; vbd. Petr. III. 1 (= Tub. 15), III, 49 in f. (= Tub. 27). Vgl. Ztschr. d. Sav. Stift. VI. Rom. Abth. S. 130. Eben so fremd ist dieser Schule der in dem Commentar (App. Petri I. c. 11), gleichwie in den Exceptiones (Petr. III, 2, 11 = Tub. 16, 20; s. auch Petr. III, 4 = Tub. 23), auftretende, in der Expositio zum Liber Papiensis (Expos. §. 3 ad Widon. c. 5, Expos. ad Liutpr. c. 47) als offenbares römisches — vom langobardischen abweichendes — Recht hingestellte, also ohne Zweifel im 11. Jahrh. allgemein als richtig angenommene Satz, dass Derjenige, welcher eine Sache als die seinige einem Anderen mit Gewalt wegnehme, das Eigenthum daran verliere, falls er aber nicht Eigenthümer sei, die Sache und eine andere gleichwerthige zurückgeben müsse. Endlich ist auch die Citirform des Commentars die vorbolognesische. Vgl. noch meine Jurist. Schriften des früheren Mittelalters S. 74, 71 fg.

[d]) S. meine Jurist. Schriften S. 74 fg. und die vorige Anm. sowie u. LVII. l.

XXIX. Eine weitere, wegen ihrer Benutzung in der Kölner Institutionenglosse mit Sicherheit schon dem 11. Jahrhundert zuzutheilende Schrift ist ein Tractat: De actionum varietate et vita seu longitudine, dessen starke Verbreitung in den Schulen des 11. und 12. Jahrhunderts schon daraus erhellt, dass er aufser der ursprünglichen in zwei überarbeiteten Formen überliefert ist, welche beide aus dem 12. Jahrhundert stammen, und von denen die jüngste die bekannte Bologneser Citirform bereits in voller Ausbildung zeigt.[a]

Mit gleicher Sicherheit darf dem 11. Jahrhundert eine Sammlung allgemeiner Rechtsregeln aus den Institutionen mit beigefügten kurzen, zum Theil sehr treffenden Bemerkungen zu gute geschrieben werden, von welcher bis jetzt leider nur ein kurzes Bruchstück in den Anhängen der Exceptiones des Petrus bekannt ist. Denn auf sie geht offenbar das Citat in nr. 108 der Kölner Institutionenglosse, worin als ihr Verfasser ein Geminianus genannt wird.[b]

---

[a]) In der ältesten Form ist der Tractat in meinen Jurist. Schriften des früheren Mittelalters S. 128 ff. aus einer Handschrift Hänel's herausgegeben. Er findet sich aber in dieser Form auch in einer dem Herrn Gaspard Bellin in Lyon gehörigen Handschrift aus dem Ende des 12. oder dem Anfange des 13. Jahrh. S. Ztschr. d. Sav. Stift. VI. Rom Abth. S. 139 Anm. 4. Die älteste der beiden Ueberarbeitungen gehört zu den Anhängen der Exceptiones des Petrus und ist abgedruckt in meinen Jurist. Schriften S. 165 ff. Die jüngste Ueberarbeitung endlich ist ebend. S. 174 ff. aus einer Bamberger Handschrift veröffentlicht. Dass der Tractat in seiner ursprünglichen Form bereits im 11. Jahrh. vorhanden war, erhellt, wie schon im Texte angedeutet, daraus, dass ein Satz desselben (§. 3) wörtlich in die Kölner Institutionenglosse nr. 141 übergegangen ist, ein anderer in nr. 132, 133 derselben Glosse als Quelle benutzt ist: nämlich §. 9 des Tractates, wo jedoch hinter »de accione ui bonorum raptorum« aus der Bellin'schen Handschrift und zur Uebereinstimmung mit App. Petri II. A. §. 9 einzuschalten ist: »et accio de eis que metus causa gesta sunt«. Die Kölner Glosse stammt aber schon wegen des Alters der Handschrift ganz sicher aus dem 11. Jahrh. S. o. XXIV. c. Wegen des Alters der beiden überarbeiteten Formen s. meine Jurist. Schriften S. 63 ff.

[b]) Das Bruchstück findet sich als App. Petri I. c. 2, 3 in meinen Jurist. Schriften S. 152. Die bezeichnete Kölner Glosse zu §. 1 Inst. de loc. 3, 24 (?), nach Conrat freilich von späterer Hand beigefügt, lautet so: »dicente Geminiano: quando mandatum certis finibus concluditur,

Dieser Geminianus darf aber als der Urheber noch einer anderen Schrift, eines Tractates de natura actionum, vermuthet werden, für dessen Beliebtheit sattsam die Thatsachen zeugen: erstlich, dass er bereits in drei Handschriften des 12. und 13. Jahrhunderts gefunden ist, und zwar in einer Gestalt, welche keinen Zweifel lässt, dass zwischen diesen Abschriften und der Urschrift zahlreiche Mittelglieder bestanden haben müssen; ferner, dass er nahezu vollständig in die Epitome Exactis regibus verarbeitet, und endlich, dass er in der Schrift des Placentinus: De varietate actionum benutzt ist.[e] Dieser letzte Umstand berechtigt zu dem Schlusse, dass der Tractat zu denjenigen gehöre, von denen in folgender bei Savigny IV. §. 23 V. mitgetheilter Glosse zum Arbor actionum des Johannes Bassianus die Rede ist: »Primo tractavit de natura actionum G. Postea Henri'. Postea P. Quarto dilucide Io.« Beachtet man aber, dass unser Tractat unverkennbar mit dem oben besprochenen: De actionum varietate et vita eine nahe Verwandtschaft zeigt und schon deswegen mit Wahrscheinlichkeit zu dem nämlichen vorbolognesischen Literaturkreise gerechnet werden darf, so lässt sich ferner kaum bezweifeln, einmal, dass er der in obiger Glosse als der älteste genannte sei, und zweitens, dass das G. nicht mit Savigny und Bethmann-Hollweg als Guarnerius gedeutet werden könne, zumal da sich von einer solchen Schrift des Irnerius sonst keine Spur findet und die gewöhnliche Sigle für Irnerius ein y ist. Da

---

tunc nullus mandati fines excedere debet«. Dies ist sichtlich ein Hinweis auf folgende Stelle des Bruchstückes: »Is qui exequitur mandatum, non debet excedere fines mandati (aus §. 8 Inst. de mand. 3, 26): in mandato certos habente fines«.

e) Die drei genannten Handschriften sind: eine Handschrift Hänel's, etwa aus dem letzten Drittel des 12. Jahrh., und eine Bamberger der ersten Hälfte des 13. Jahrh., aus welchen beiden der Tractat in meinen Jurist. Schriften S. 117 ff. herausgegeben ist. Dazu kommt eine Vaticanische Handschrift (Cod. lat. Vat. 8782) vom Ende des 12. oder dem Anfange des 13. Jahrh. Wegen der Verarbeitung in die Epitome Exactis regibus s. Conrat, Die Epit. Exact. reg. S. CCCIII., wegen der Benutzung bei Placentinus meine Jurist. Schriften S. 58.

bietet sich denn als Lösung ganz ungesucht Geminianus dar.

XXX. Auf ein anderes örtliches Gebiet als die bisher genannten, wohl sämmtlich aus Italien stammenden, Schriften in selbständiger Form führt ein Werk, welches zu den interessantesten und anziehendsten juristischen Erzeugnissen des ganzen Mittelalters gehört. Nämlich das viel besprochene Lehrbuch, für welches schon seit dem 16. Jahrhundert der Name: Brachylogus iuris civilis üblich geworden ist. Es sind davon gegenwärtig sechs Handschriften bekannt. Die wohlverdiente Schätzung aber, deren sich das Werk zu allen Zeiten erfreut hat, wird durch nichts heller ins Licht gestellt, als durch die dreiundzwanzig Druckausgaben, welche von 1548 bis 1829 erschienen sind. Dieses Buch, sagte ich, führt auf ein anderes Gebiet. Denn es kann füglich nicht mehr in Zweifel gezogen werden, dass es nicht, wie früher als feststehend galt, in Italien, sei es in Bologna oder in Ravenna, sondern vielmehr in Orléans verfasst und dort bei dem juristischen Anfangsunterrichte als Hülfsmittel gebraucht worden ist. Als die Entstehungszeit sind, da die beiden ältesten Handschriften der ersten Hälfte des 12. Jahrhunderts angehören, die letzten Jahre des 11. oder die ersten des 12. Jahrhunderts, also etwa gerade die Zeit der Lehrthätigkeit des Irnerius, zu betrachten. Der ganze Inhalt lehrt aber, dass hier von einem Einflusse der Bologneser Schule noch keine Rede sein kann. (Vgl. o. XIX.)

XXXI. Es wird keiner weiteren Aufzählungen bedürfen, um völlig überzeugend darzuthun, dass das Auftreten der Bologneser Schule nicht in eine Zeit literarischer Oede, sondern ganz im Gegentheil in eine Zeit der lebhaftesten Regsamkeit fiel. Es hat sich sogar gezeigt, dass nicht einmal die Literaturformen dieser Schule mannigfaltigere waren, als diejenigen, denen man vor ihrem Auftreten begegnet. Vielmehr waren sie insofern ärmer, als der Bologneser Schule die nach selbständigem System verfassten kurzen Lehrbücher fehlen; und nach dieser Seite ist in der That in ihrer schriftstellerischen Thätigkeit ein Rückschritt gar nicht zu verkennen.

Hiemit ist nun aber auch schon bewiesen, dass nicht mit der Bologneser Schule erst wieder eine Rechtswissenschaft beginnt. Denn wenn irgend etwas, so erscheint gewiss das Dasein solcher frei nach selbständigen Gesichtspunkten angeordneter und gegliederter Bücher als ein untrügliches Kennzeichen echter und lebendiger Wissenschaft. Es soll indessen sogar in Kürze noch gezeigt werden, dass

3. zu allen Zeiten des Mittelalters das Recht auch wissenschaftliche Behandlung erfahren hat.

XXXII. Dies lässt sich im Grunde schon deswegen gar nicht bezweifeln, weil ja die Quellen des römischen Rechtes, das Corpus iuris nicht minder als das Breviar, stets und ununterbrochen in Anwendung geblieben sind und Gegenstand des Unterrichtes sowie der literarischen Bearbeitung waren. Ist doch das römische Recht, wie es in jenen beiden Gesetzgebungen enthalten ist, so durchgebildet und in allen seinen Theilen so sehr von wissenschaftlichem Geiste durchtränkt, dass schon in der einfachsten Beschäftigung mit irgend einem Stücke dieser Gesetzgebungen, sei es auch nur zum Behufe des oberflächlichsten Verständnisses, nothwendig und unabweislich eine wissenschaftliche Thätigkeit liegt. Was insbesondere die Justinianische Gesetzgebung anlangt, so ist es schlechterdings unmöglich, den Inhalt auch nur der Institutionen allein mit dem Gedächtnisse zu erfassen. Sie zwingen überall zum Nachdenken über die Gründe der einzelnen Rechtssätze; Nachdenken über die Gründe der Erscheinungen ist aber eben wissenschaftliche Thätigkeit und scheidet diese vom blofsen »Handwerk«, welches unbekümmert um die Gründe seines Verfahrens einfach den überlieferten und rein gedächtnissmäfsig erlernten Regeln folgt. Oder um es anders auszudrücken: Während die Wissenschaft überall auf das Allgemeine in dem Besonderen zurückgeht und sich dadurch zum voraus eine geistige Herrschaft über die unendliche Vielgestaltigkeit der vom Leben stets neu gebotenen Fälle zu sichern strebt, hält sich das Handwerk immer nur an den einzelnen besonderen Fall und an die Lehren bereits gemachter »Erfahrung«, und es steht daher jeder ungewöhnlichen Erscheinung rathlos gegenüber, — eine Thatsache, wofür sich auch auf dem juristischen Gebiete aus der Rechtsprechung der altdeutschen Schöffengerichte Belege genug würden beibringen lassen. Dafür übertrifft freilich das Handwerk andererseits die Wissenschaft in der Sicherheit und Festigkeit seines Verfahrens. Es kennt keinen Streit und Zweifel, sondern nur richtiges oder falsches. Die Wissenschaft dagegen, welche jeden einzelnen Fall in seine allgemeinen Elemente zu zerlegen und seine zutreffende Behandlung durch die Verbindung der einschlagenden allgemeinen Grundsätze zu gewinnen sucht, hat bei der Schwierigkeit und Verflochtenheit dieser geistigen Vorgänge überall mit dem Streite und Zweifel zu rechnen, mit dem inneren Zweifel des Einzelnen, mit dem äufseren Streite zwischen Mehreren. Wo immer man daher dem durch streitende Gründe erzeugten inneren Zweifel oder gar der mit solchen Gründen zwischen Mehreren verhandelten Streitfrage begegnet, da steht man nicht mehr dem Handwerke, sondern wirklicher, wenn auch vielleicht noch sehr unentwickelter und unvollkommener Wissenschaft gegenüber.

XXXIII. Dass von diesem Standpunkte das Mittelalter stets und selbst in seinen frühesten Zeiten eine wirkliche Rechtswissenschaft besessen hat, ist nun bei unbefangener Betrachtung der Thatsachen gar nicht zu verkennen. Denn zuvörderst wurde von dem damaligen Zeitbewusstsein die Rechtskunde ganz bestimmt und ausgesprochen zur Wissenschaft gerechnet, ja sogar, wie zahlreiche früher beigebrachte Zeugnisse ergeben, in tüchtigen juristischen Kenntnissen ein besonders hohes Mafs wissenschaftlicher Bildung erblickt.* Wäre das denkbar, wenn nicht das Recht in gleicher Weise wie alle übrigen Fächer, wie selbst die nach der heutigen Vorstellung völlig freie Kunst des Briefschreibens, wissenschaftlich, d. h. mit Zurückführung auf allgemeine Grundsätze, betrieben worden wäre?

Es hat sich ja aber weiter herausgestellt, dass das Recht an allen Schulen der freien Künste in unmittelbarer Verbindung mit der Rhetorik und gewissermafsen als Zweig derselben gelehrt wurde. Die Rhetorik wurde nun ganz entschieden wissenschaftlich behandelt; jeder Blick in ein damaliges Lehrbuch der Rhetorik, z. B. in das bekannte und schon genannte des Alcuin, gestattet daran keinen Zweifel. Verträgt sich damit die Annahme einer völlig geistlosen, rein handwerks- und gedächtnissmäfsigen Behandlung des Rechtes? Ueberdies geht schon aus jener Schrift des Alcuin, wie sehr sie sich auf die allgemeinsten Grundzüge beschränkt, ein gewisses Mafs wissenschaftlicher Behandlung auch des Rechtes sichtlich hervor. Und wenn gegen Ende des 7. Jahrhunderts Aldhelm von dem beträchtlichen Zeitaufwande schreibt, welchen das wissenschaftliche Studium erfordere, und von der grofsen Schwierigkeit, mit welcher es, namentlich bei Mangel der Anleitung durch Lehrer, verbunden sei; und wenn er dabei ausdrücklich und an erster Stelle auch von Demjenigen redet, »qui sollerti sagacitate legendi succensus legum Romanorum iura medullitus rimabitur et cuncta iurisconsultorum decreta imis praecordiis scrutabitur« (s. o. VIII. g): ist diese Aeufserung erklärlich unter der Voraussetzung ganz äufserlicher und handwerksmäfsiger Beschäftigung mit dem Rechte? zeigt sie nicht vielmehr deutlich den Denker, welcher sich redlich bemüht, in die Tiefen des römischen Rechtes einzudringen und sich zu diesem Behufe mit den dabei zu über-

*) Ich erinnere namentlich an die o. VIII. c, d, e, f, IX. a mitgetheilten Stellen.

windenden, auch uns sattsam bekannten Schwierigkeiten herumschlägt?

XXXIV. Es lässt sich aber zum Ueberflusse auch ganz positiv beweisen, dass selbst bei dem elementaren Rechtsunterrichte, wie er an den gewöhnlichen Schulen der liberales artes allein möglich war, die Schüler in die wissenschaftliche Handhabung des Rechtes eingeführt, insbesondere — und das schliefst jeden Zweifel aus — durch Bekanntmachung mit juristischen Streitfragen im Streiten mit Grundsätzen und in der Anwendung der Dialektik bei Behandlung rechtlicher Fragen geschult wurden. Dies wird ja für den Anfang des 11. Jahrhunderts als eine allgemeine Einrichtung ganz ausdrücklich bezeugt (s. o. VIII. k), woraus man bei der grofsen Stetigkeit dieser Dinge im früheren Mittelalter ohne weiteres auch auf die älteren Zeiten schliefsen darf. Dieser Schluss ist aber um so mehr gerechtfertigt, als schon zur Zeit Karl's d. Gr. ein Gedicht Theodulf's von Orléans nicht blofs den gerichtlichen Kampf mit juristisch-dialektischen Gründen streitender Sachwalter, sondern auch den durch eine verwickelte Sache im Geiste des Richters selbst erregten, nur durch die reiflichste Erwägung und Berathung mit Anderen zu lösenden Zweifel anschaulich vorführt. (S. o. XI.)

XXXV. Ein noch bestimmterer Beweis für die ununterbrochene Fortdauer wissenschaftlicher Lehre und Erlernung des Rechtes während des ganzen früheren Mittelalters ergibt sich, wenn man die damals gebräuchlichen Lehrmittel berücksichtigt. Als eines der wichtigsten erscheint die oben (XXIII) besprochene alte Turiner Institutionenglosse, deren Beliebtheit und weite Verbreitung sich jetzt noch deutlich erkennen lässt. Dass diese aber von wissenschaftlicher Art ist und namentlich in ihrer Form durch scharfe Genauigkeit und Klarheit bei knappster Kürze sogar hohen Anforderungen genügt, ist gar nicht zu bestreiten und von mir bei früherer Gelegenheit näher gezeigt.[a] Im Grunde kann das auch gar nicht verwundern; denn Ferrini hat erwiesen, dass der gröfste und beste Theil ihres Inhaltes aus älteren Erläuterungen der Institutionen des Gaius herübergenommen ist.[b] Dass sich aber bis zum Ausgange des Alterthums sehr bedeutende und achtungswerthe Reste der classischen römischen Rechtswissenschaft erhalten hatten, wird, um von anderem zu schweigen, durch den juristischen Theil der Chronik des Sulpicius Severus aufser Zweifel gestellt. (S. o. VIII. a.)

Wurde nun ein solches in hohem Grade wissenschaftliches Werk, und zwar, wie dargethan, im ganzen Verlaufe des früheren Mittelalters, bei dem Rechtsunterrichte als Grundlage benutzt und erklärt, ja sogar stetig durch neue Glossen bereichert, so erhellt daraus der unausgesetzte wissenschaftliche Betrieb des römischen Rechtes ganz unmittelbar und augenfällig, völlig eben so unmittelbar, wie wenn es uns möglich wäre, einer damaligen Vorlesung über römisches Recht persönlich beizuwohnen.

XXXVI. Sonach kann es denn auch gar nicht mehr überraschen, einen Gesetzgeber des frühesten Mittelalters ganz im modernen Sinn auf die wissenschaftliche Behandlung der Gesetze verweisen zu sehen, als auf das Mittel, welches neben den letzteren selbst zur Entscheidung aller auftauchenden Rechtsfragen ausreiche. Ich meine damit das folgende sehr bekannte, aber nach dieser Seite noch nicht beachtete Gesetz des westgothischen Königs Chindaswind (641—652), Lex Visig. II, 1 c. 8 (9): »Alienae gentis legibus ad exercitium utilitatis imbui et permittimus et optamus; ad negociorum vero discussionem et resultamus et prohibemus. Quamvis enim eloquiis polleant, tamen difficultatibus haerent: adeo cum sufficiat ad iustitiae plenitudinem et perscrutatio ratio-

---

[a]) In meiner Schrift über die sog. Turiner Institutionenglosse und den sog. Brachylogus (Halle 1870). S. besonders S. 33 fg. derselben.

[b]) S. Ferrini, La glossa torinese delle Istituzioni e la Parafrasi dello Pseudoteofilo. 1884. (Estr. dai Rendiconti del R. Istituto Lombardo. Serie II, Vol. XVII, fasc. XVI.) und Ferrini im Arch. giur. XXXVII. p. 353 segg.

num et competentium ordo verborum, quae codicis huius series agnoscitur continere, nolumus sive romanis legibus seu alienis institutionibus amodo amplius convexari.« Einer Thätigkeit, welche durch Erforschung der Gründe der gesetzlichen Vorschriften, d. h. durch die Aufdeckung der in ihnen verborgen liegenden allgemeineren Grundsätze, den Gesetzgeber unterstützt und den Richter befähigt, alle Fälle des Lebens im Sinn des Gesetzes zu entscheiden, kann doch gewiss die Eigenschaft einer wahrhaft wissenschaftlichen nicht abgesprochen werden.

XXXVII. Sollten nun aber etwa gegen alle diese gewichtigen Erwägungen, von denen fast eine jede schon für sich allein zu vollem Beweise ausreicht, die schriftstellerischen Erzeugnisse des früheren Mittelalters den entscheidenden Gegenbeweis liefern? Dies ist bei näherer Betrachtung so wenig der Fall, dass gerade sie das Dasein einer Rechtswissenschaft zu allen Zeiten des Mittelalters völlig feststellen. Begegnet man doch dem Streben nach Ermittelung und Darlegung der in den einzelnen Rechtsvorschriften enthaltenen allgemeinen Sätze, worin das entscheidende Merkmal wissenschaftlicher Thätigkeit liegt, schon in den alten, ihrem Inhalte nach noch aus der Zeit der byzantinischen Herrschaft in Italien herrührenden Summarien zu Julian's Novellenauszug.[a] Ebenso in den zu einem Theil schon in den ersten Zeiten nach der Abfassung des westgothischen Breviars, zu einem anderen spätestens im 9. Jahrhundert verfassten Explanationes der Titel dieses Gesetzbuches.[b] Ganz besonders aber in der dem 7. oder 8. Jahrhundert angehörigen »Expositio« der Lyoner Handschrift desselben, welche nicht, wie jene Explanationes, blofs den Inhalt der Titel, sondern auch denjenigen der einzelnen Gesetze angibt, überdies an der Spitze der Novellen sehr interessante rechtsgeschichtliche Bemerkungen macht (s. o. XIX. a). Auch die

---

[a]) Sie finden sich bei Haenel, Iul. Epit. Nov. p. 208 sqq.

[b]) Vgl. Haenel, Lex Rom. Visigoth. p. XXIII. sq.

Glossen in dieser Handschrift haben einen entschieden wissenschaftlichen Charakter.

Ungefähr gleichen Alters mit diesen Lyoner Erklärungen des Breviars sind die alten Glossen zum Julian (s. o. XXIV), da sie zum gröfsten Theil schon in Handschriften des 10. Jahrhunderts vorkommen, andererseits aber in der Erklärung zu cap. 60: »Biocolites sunt que (?) latine possumus dicere scachatores« bereits vollkommene Einbürgerung der langobardischen Rechtssprache zeigen, mithin nicht wohl vor dem 7. Jahrhundert verfasst sein können. Sie geben zum Theil ganz gute sachliche Bemerkungen, wie z. B. wenn in der Glosse zu cap. 328 auseinandergesetzt wird, dass »civilis causa« je nach dem Gegensatze die criminalis causa einschliefse oder ausschliefse, und die Anerkennung der Wissenschaftlichkeit kann ihnen daher nicht versagt werden. Noch weniger aber der Pistoieser Glosse zum Codex (s. o. XXIV), welche in ihrem ältesten Kern schon vor das 9. Jahrhundert zurückgeht und zum gröfsten Theil ihres Bestandes spätestens dem 10. Jahrhundert, als dem Alter der Handschrift, angehört. Denn sie macht nicht blofs auf die in den einzelnen Gesetzen enthaltenen allgemeineren Sätze aufmerksam, sondern sie gibt auch Erklärungen juristischer Begriffe, welche zum Theil aus den Digesten geschöpft sind, und enthält endlich in einer reichhaltigen Angabe anderer Lesarten einen sehr beachtenswerthen Anfang von Textkritik.[c]

XXXVIII. Tragen die bisher genannten Arbeiten das Gepräge zwar wirklicher, aber doch im ganzen nur recht bescheidener Wissenschaft, so treten die Glossen, welche in der Turiner Institutionenhandschrift D. III. 13 der oben (XXIII) besprochenen alten Glosse im 10. Jahrhundert beigefügt sind,[a]

---

[c]) Vgl. Chiappelli, La glossa pistoiese p. 12, 29 und meine Bemerkungen in der Ztschr. d. Sav. Stift. VII. Rom. Abth. Heft 2 S. 14.

[a]) Es sind die in Krüger's Ausgabe (s. o. XXIII. a) mit vorgesetzten Sternchen ausgezeichneten. Vielleicht gehoren aber nach seinen Angaben S. 49 fg. demselben Jahrhundert auch noch an die Glossen 182, 198, 199, 200, 206, 209, 311 (?), 333 in Savigny's Ausgabe (s. o. XXIII. d).

nach Form wie Inhalt schon sehr tüchtig auf, so dass sie gegen jene alte Glosse gar nicht sonderlich abstechen: ein Beweis, dass die Beschäftigung mit der letzteren in jeder Hinsicht eine sehr bedeutende bildende Wirkung äufserte.[b] Auch einer grofsen Zahl der im 11. Jahrhundert hinzugekommenen weiteren Glossen lässt sich ein ähnlich günstiges Zeugniss ausstellen, und viele von ihnen sind besser als die Glossen zu den nämlichen Stellen in der Accursischen Sammlung.[c]

Im 11. Jahrhundert zeigt sich die Rechtswissenschaft überhaupt schon in vollster Entwickelung. Sieht man von den Quaestiones ac monita ab, welche übrigens trotz der rohen Form ihrem Inhalte nach durchaus nicht gänzlich unwissenschaftlich sind, so erscheinen die sämmtlichen oben XXVI—XXX genannten Schriften dieses Jahrhunderts, auch vom heutigen Standpunkte betrachtet, nach Inhalt und Form als sehr achtungswerthe, dem Unterrichtszwecke, für welchen sie berechnet waren, vortrefflich entsprechende Leistungen, so dass sie, wie nachgewiesen, noch lange Zeit neben den Schriften der Bologneser Schule in Gebrauch blieben. Dies ist auch sehr begreiflich, denn als Hülfsmittel zur ersten Einführung in die Rechtswissenschaft waren sie den letzteren durchweg weit überlegen. Nichts ist in der That an der Bologneser Schule merkwürdiger, als der Mangel an Sinn und Geschick für eigentliche Lehrbücher, und besonders auffallend erscheint dieser Mangel, seitdem es feststeht, dass doch die vorhergehende Zeit schon sehr tüchtige Werke solcher

[b]) Proben habe ich gegeben in der Zeitschr. d. Sav. Stift. VI. Rom. Abth. S. 163.

[c]) So ist z. B. ganz vortrefflich die glo. 126 ad pr. Inst. de donat. 2, 7: »Ideo inter adquisitiones posita est donatio, quia inter veteres non aliter robur accipiebat, nisi traditio sequeretur, quae est dominii adquisitio.« Die entsprechende Accursische glo. Acquisitionis fällt dagegen nach Form wie Inhalt ganz bedeutend ab. Ebenso ist das Verhältniss bei der nach Krüger von der nämlichen (von ihm mit f. bezeichneten) Hand herrührenden Turiner glo. 421 ad pr. Inst. de empt. 3, 23 verglichen mit der Accursischen glo. Scriptura conficiuntur.

Art besafs. Was die Bologneser Schule an selbständigen Lehrbüchern für den Anfangsunterricht aufzuweisen hat, ist überhaupt sehr spärlich und geht über die Institutionensummen des Placentinus und des Azo und über die Summa de iudiciis des Bulgarus kaum hinaus. Zudem aber lässt sich diesen Schriften nicht einmal ein besonderes Lob zollen, mag man auf die Form oder auf den Inhalt sehen; am wenigsten, wenn man sie mit den verwandten vorbolognesischen Lehrbüchern vergleicht. Kaum mit den Exceptiones des Petrus vermögen sie diesen Vergleich auszuhalten, und gegen den Brachylogus vollends müssen sie an geistiger Selbständigkeit und Geschick der Darstellung weit zurücktreten. Dies beweist schon für sich allein zur Genüge, dass, wenn Bologna auch als Lehranstalt bald alle anderen Schulen überflügelte, die Erklärung dieses Erfolges in anderen Gründen als in der ungewöhnlichen Lehrbegabung seiner Doctoren und der unerreichten Vorzüglichkeit ihrer äufseren Unterrichtsmethode zu suchen ist. Doch ich will nicht späteren Erörterungen vorgreifen und nehme daher den entglittenen Faden meiner Darstellung wieder auf.

XXXIX. Der Aufschwung der Rechtswissenschaft im 11. Jahrhundert war so bedeutend, dass er schon seit den ersten Zeiten desselben auch das langobardische Recht ergriff[a] und an der Rechtsschule zu Pavia auf eine hohe Stufe der Ausbildung führte, welche im letzten Drittel des Jahrhunderts in der Expositio zum Liber Papiensis zu hellster Erscheinung kommt.[b] Noch über ein Jahrhundert

[a]) Dies erhellt nicht allein aus den um 1037 verfassten Glossen zum Liber Papiensis, sondern namentlich auch aus den schon in der ersten Hälfte des Jahrhunderts innerhalb der Schule zu Pavia verhandelten Streitfragen, von denen die Expositio zum Liber Papiensis berichtet.

[b]) Der wissenschaftliche Werth dieses Commentars muss Jedem einleuchten, welcher sich ohne Voreingenommenheit länger und näher mit ihm beschäftigt hat Vgl. auch Boretius in praef. ad Lib. Papiens. §§. 71, 72 (Mon. Germ. hist. Legg. IV. p. LXXXIX. sq.). Das ungünstige Urtheil von Bethmann-Hollweg, Der german.-roman. Civilprocess im Mittelalter II. S. 299 ff. ist nicht gerechtfertigt.

konnte diese Wissenschaft des langobardischen Rechtes wetteifernd neben derjenigen des römischen einhergehen, bis sie zuletzt von dieser überwuchert und mit dem langobardischen Rechte selbst mehr und mehr verdrängt wurde.

Kurz, es kann gar nicht zweifelhaft sein, dass auch die Wissenschaft des Rechtes für das Mittelalter nicht erst mit der Bologneser Schule begann, dass vielmehr die Rechtswissenschaft des sinkenden Alterthums, wie sein ganzer übriger wissenschaftlicher Besitz, auf das Mittelalter überging, von diesem nach Mafsgabe seines geistigen Vermögens fortgeführt wurde und bereits im 11. Jahrhundert neue kräftige Blüthen und Früchte getrieben hatte, dass also das Auftreten jener Schule in einer nicht blofs literarisch regen und reichen, sondern auch wissenschaftlich schon stark entwickelten, in frischestem und lebendigstem Aufstreben begriffenen Zeit erfolgte. So scheint denn aber die Stellung, welche sie sich sehr bald verschaffte, und der fast ausschliefsliche Einfluss, welchen sie auf die Weiterentwickelung der Rechtswissenschaft in den letzten Jahrhunderten des Mittelalters und in der Neuzeit übte, vollständig räthselhaft und unbegreiflich zu werden.

Es wird, wie ich hoffe, gelingen, die befriedigende Lösung zu finden. Bevor sie aber versucht wird, muss zuerst die Geschichte des Auftretens der Bologneser Schule selbst erzählt werden, soweit das bei der Dürftigkeit der vorhandenen Nachrichten möglich ist. Sie sind sehr vollständig zusammengestellt in der Schrift von Ricci, I primordi dello Studio Bolognese (Bologna 1887), welche daher regelmäfsig der nachfolgenden Darstellung zu Grunde gelegt werden wird.

Zweiter Abschnitt.

Das Auftreten der Bologneser Schule.

XL. Nach einer zu Bologna bereits im 13. Jahrhundert bestehenden Annahme sollte das Dasein der dortigen Hochschule schon in das Alterthum, nämlich auf eine Stiftung des Kaisers Theodosius II. zurückgehen. Ja man besafs sogar die Stiftungsurkunde, welche im Jahr 1257 einer jetzt noch vorhandenen amtlichen Sammlung wichtiger Urkunden einverleibt wurde.[a] Indessen kann durch nichts stärker, als gerade durch diese Urkunde selbst, bewiesen werden, dass es sich hier um nichts weiter als um eine, zudem recht plumpe und ungeschickte, Erdichtung handelt, um eine der frommen Fälschungen zum Vortheil des Gemeinwesens, aus denen man sich im Mittelalter so wenig wie aus der Entwendung von Reliquien ein Gewissen machte.[b] Dies ist denn auch längst allgemein anerkannt,[c] und es kann daher hier bei der blofsen kurzen Erwähnung bewenden.

XLI. Nach der Beseitigung dieser Fabel kommen zuvörderst wieder die auf der Bologneser Ueberlieferung beruhenden Erzählungen des Odofredus in Betracht, welche von den Verhältnissen zu Bologna vor dem Beginn der juristischen Lehrthätigkeit des Irnerius ein doppeltes be-

---

a) Hieraus abgedruckt bei Ricci doc. XXXVII. (p. 96 segg.).

b) Den genügenden Beweis liefert schon das u. LIV. a mitgetheilte Bruchstück. Wegen des Grundes der Fälschung s. Kaufmann, Geschichte der deutschen Universitäten I. S. 173 fg.

c) S. Savigny III. §. 62 und die bei ihm angeführten italienischen Schriftsteller. Ebenso Ricci p. 34.

richten. Einmal: es sei damals in Bologna ein Studium in artibus gewesen und Irnerius selbst habe zuerst die artes gelehrt, sodann: schon vor Irnerius habe zu Bologna ein gewisser Pepo Vorlesungen über die leges gehalten, sei aber, wie immer sein Wissen beschaffen gewesen sein möge, zu keinem Namen gelangt.*

Der erste Theil dieses Berichtes, die Lehre der freien Künste zu Bologna in der Zeit vor Irnerius, ist schon deswegen vollkommen glaubhaft, weil an jedem Bischofssitze eine Schule der freien Künste bestehen musste. Er wird aber überdies durch andere zuverlässige Zeugnisse unterstützt, welche sogar ergeben, dass schon am Anfange des 11. Jahrhunderts und ebenso am Ende des ersten Viertels des 12., also doch vermuthlich auch in der ganzen Zwischenzeit, Bologna eine sehr namhafte, auch von auswärts aufgesuchte Schule der Wissenschaften besafs. Denn, und dieses ist die interessante älteste Spur der Bologneser Hochschule, der Heil. Guido, Bischof von Acqui

---

*) Odofred. in Dig. vet., L. ius civile 6 de iust. et iure (Savigny III. §. 158 II.): — — »Dominus Yr. (Irnerius) qui fuit apud nos lucerna iuris, i. e. primus qui docuit in civitate ista. Nam primo coepit studium esse in civitate ista in artibus, et cum studium esset destructum Romae, libri legales fuerunt deportati ad civitatem Ravennae et de Ravenna ad civitatem istam. Quidam dominus Pepo coepit auctoritate sua legere in legibus, tamen, quicquid fuerit de scientia sua, nullius nominis fuit. Sed dominus Yr. dum doceret in artibus in civitate ista, cum fuerunt deportati libri legales, coepit per se studere in libris nostris et studendo coepit docere in legibus, et ipse fuit maximi nominis et fuit primus illuminator scientiae nostrae« etc. (s. o. VI. b).

Odofred. in Codicem, Auth. Qui res C. de sacros. eccl. 1, 2 (Savigny IV. §. 2 Anm. 2 und nochmals §. 4): »Et debetis scire vos domini, sicut nos fuimus instructi a nostris maioribus, quod dominus Yr. fuit primus qui fuit ausus dirigere cor suum ad L. istam. Nam dominus Yr. erat magister in artibus, et studium fuit Ravennae, et collapsa ea fuit studium Bononiae. Et dominus Yr. studuit per se sicut potuit; postea coepit docere in iure civili, et ipse fecit primum formularium, i. e. librum omnium instrumentorum, et scripsit instrumentum emphyteuticum« etc.

Odofred. in Codicem, L. ult. C. de in int. rest. min. 2, 22: »Or, segnori, plura non essent dicenda super lege ista. Dominus tamen Ir., quia loicus fuit, et magister fuit in civitate ista in artibus, antequam doceret in legibus, fecit unam glossam sophisticam, quae est obscurior quam sit textus.«

in der Nähe von Genua 1034—1070, um das Jahr 1000 bei Acqui aus edelm Geschlechte geboren, ging in seiner Jugend zum Studium der Wissenschaften nach Bologna.[b] Sodann aber enthält ein um 1124 zu Bologna verfasster Briefsteller, die Rationes dictandi prosaice des Bologneser Canonikers Hugo,[c] Musterbriefe, welche beweisen, dass auch damals Scholaren, darunter selbst reife Männer, von auswärts nach Bologna kamen, um dort die Wissenschaften, namentlich die ars dictandi und die Philosophie, zu studiren, und welche sogar auf eine förmliche Hochschule der artes liberales mit durchgeführter wissenschaftlicher Arbeitstheilung schliefsen lassen.[d] Dem entspricht es durchaus, wenn Johannes Saresberiensis erzählt, einer der

---

b) Acta Sanctor. Iunii. Tom. I. p. 229 nr. 1 in f., nr. 2 princ.: »Ab ineunte igitur aetate Guido memoratus — — studiorum causa Bononiam contendit. Ubi aliquot annis non minus sanctis moribus quam litterarum disciplinis incumbens socios et aemulatores sui in utroque studii honore devicit.« Vgl. Sarti Tom. I. P. I. p. 3.

c) Herausgegeben von Rockinger in den Quellen zur bayerischen und deutschen Geschichte Bd. IX. Abth. 1 S. 53 ff. Wegen der Zeitbestimmung s. Rockinger S. 51 fg. Schon B. Pez hatte den Briefsteller in seinem Codex diplomatico-historico-epistolaris I. col. 264 sqq. (Thes. anecd. T. VI.) nach einer Wolfenbüttler Handschrift als ein Werk des Bischofs Benno von Meifsen herausgegeben. Hienach ist er von Sarti benutzt.

d) In zwei Briefen des Sohns an den Vater (Rockinger S. 79, 81) meldet jener das eine Mal, dass er in Bologna »in litterarum disciplinis« nach Kräften sich abmühe, das andere Mal, dass er dem »studium divinae humanaeque philosophiae« obliege. Ferner finden sich (S. 82 ff.) als Muster für Briefe des Schülers an den Lehrer zwei Briefe von Priestern. In dem einen fragt der Schreiber bei dem Lehrer an, ob und wo er im nächsten Winter Unterricht ertheilen werde. Die Antwort ist, dies werde in Bologna der Fall sein. Vgl. noch S. 63, 68—70, 71, 72, 78. Dabei ist sehr bemerkenswerth, was sich später noch als wichtig herausstellen wird, dass nirgends vom Rechtsstudium die Rede ist, sondern überall nur von den artes liberales, der Philosophie und besonders der ars dictandi. In einem Briefe (S. 70) sagt sogar der Lehrer — und zwar führt sich Hugo selbst als Schreiber des Briefes ein — auswärtigen Schülern, welche bitten, an seiner Unterweisung in der ars dictandi theilnehmen zu dürfen: er habe die »ceterae artes parum vel quasi nichil subtilitatis afferentes« völlig bei Seite gelassen, um sich ganz dieser »tam sollertissima disciplina« zu widmen. Dies deutet denn zugleich auf vollkommen ausgebildete wissenschaftliche Arbeitstheilung hin.

Lehrer, bei denen er in der Zeit von 1136—1138 zu Paris Dialektik gehört hatte, sei nachher nach Bologna gegangen und dort zu einer gänzlichen Veränderung seiner Ansichten bekehrt worden,[e] und wenn zum Jahr 1162 ein gleichzeitiger italienischer Geschichtschreiber, Acerbus Morena, der Sohn des Otto Morena und Fortsetzer seines Werkes de rebus Laudensibus, berichtet: Bologna habe damals vor allen Städten Italiens als Sitz der wissenschaftlichen Studien (»litteralia studia«) in Ansehen gestanden.[f] Zum Ueberflusse zeigt endlich eine ungemein interessante Stelle eines um 1166 von einem Bergamasken verfassten Gedichtes über die Thaten Friedrich's I. in Italien, welche die erste Berührung des Kaisers mit der Bologneser Hochschule zu Pfingsten 1155 schildert, diese Schule höchst anschaulich als einen Mittelpunkt der Studien, an welchem Schaaren von Wissensdurstigen aus allen Theilen der Welt zusammenströmen, um dort mit emsigem Fleiſse bei zahlreichen Lehrern die verschiedenen Wissenschaften (»artes variae«) zu erlernen.[g]

XLII. War aber in Bologna eine angesehene Hochschule der artes liberales, welche von auswärts Lernbe-

---

e) Ioh. Saresberiensis Metalog. lib. II. c. 10 (Opp. ed. Giles Vol. V. p. 78 sq.): »Cum primum adolescens admodum studiorum causa migrassem in Gallias — — contuli me ad peripateticum Palatinum. — — Deinde post discessum eius — — adhaesi magistro Alberico, qui inter ceteros opinatissimus dialecticus enitebat. — — Sic ferme toto biennio conversatus in Monte, artis huius praeceptoribus usus sum Alberico et magistro Roberto Meludensi. — — Postea unus eorum profectus Bononiam dedidicit quod docuerat, siquidem et reversus dedocuit; an melius, iudicent qui ante et postea audierunt.«

f) Mon. Germ. hist. SS. XVIII. p. 639: »Pollebat equidem tunc Bononia in litteralibus studiis pre cunctis Ytalie civitatibus.«

g) S. Giesebrecht, Neue Gedichte auf Kaiser Friedrich I. (aus den Sitzungsberichten der histor. Cl. der Münchener Akademie der Wissenschaften 1879 Bd. II. Heft 3) S. 17 fg. Danach abgedruckt in Ztschr. d. Sav. Stift. I. Rom. Abth. S. 88 fg. Jetzt ist das ganze Gedicht herausgegeben von Monaci in »Gesti di Federico I in Italia« (Roma 1887). Die Stelle findet sich p. 20 seg. — Auch ein bei Sarti Tom. I. P. I. praef. p. II. sq. abgedrucktes Schreiben des Papstes Eugen III. an die Stadt Bologna vom 3. März 1151 deutet, wie der Verfasser der praefatio mit Recht bemerkt, in seinem Eingange: »Predecessorum vestrorum antiquam

gierige in gröfserer Zahl herbeizog, so war damit nicht allein die nothwendigste äufsere Vorbedingung für rasches Aufblühen einer Hochschule auch für die Rechtswissenschaft gegeben, sondern es ist auch nach früheren Ausführungen von vornherein gar nicht zu bezweifeln, dass das Recht, namentlich das römische Recht, schon lange vor Irnerius in Bologna gelehrt wurde; nur dass damals Bologna für die Rechtsstudien noch nicht zu besonderer Bedeutung gelangt war und die Eigenschaft einer wahren Rechtsschule noch nicht in Anspruch nehmen konnte.[a]

So kann auch die Glaubwürdigkeit dessen, was Odofredus von der juristischen Lehrthätigkeit des Pepo berichtet, keinerlei Bedenken unterliegen, zumal da Azo († nach 1229) diesen Juristen ebenfalls erwähnt.[b] Er war wohl der erste, welcher zu Bologna das Recht eingehender lehrte; und wenn es ihm auch noch nicht gelang, Bologna für diese Studien einen Ruf zu verschaffen, so kann er immerhin nicht ganz bedeutungslos gewesen sein, denn sonst würde sich die Erinnerung an ihn nicht bis zum Ausgange des Glossatorenzeitalters erhalten haben. Den Beweis aber, dass er wirklich zu seiner Zeit in grofsem und nicht unverdientem Ansehen stand, liefert eine Urkunde, welche für die Geschichte der Bologneser Rechtsschule so wichtig ist, dass sie hier vollständig mitgetheilt werden muss.[c] Sie bezieht sich auf eine im März

---

et legalem constantiam multi diversarum gentium qui apud vos morari consueverunt, manifestis rerum experimentis plenius agnoverunt« auf das Dasein einer schon seit langer Zeit auch von auswärts stark besuchten Schule, aber nicht gerade Rechtsschule, hin.

[a]) Dem entsprechen die Erzählungen des Odofredus, wonach erst seit Irnerius in Bologna ein »Studium« für das römische Recht, d. h. eine wahre juristische Hochschule, bestand. S. o. XV. h, XLI. a.

[b]) In einer Handschrift des Digestum vetus zu Bamberg D. I. 6 steht nämlich nach Savigny IV. §. 3 not. b zu L. 2 §. 38 D. de orig. iur. 1, 2 verb. »cuius tamen scriptum nullum extat« folgende Glosse: »sic in domino Peppo. Az.«

[c]) Sie findet sich im Archiv zu Florenz und nennt selbst als Zeit ihrer Abfassung das Jahr 1075. Allein in Rücksicht auf die Florentiner Art der Zeitrechnung und auf die Indiction muss sie vielmehr dem Jahr 1076 zugetheilt werden. S. Ficker, Forschungen III. S. 126 Anm. 3,

1076 zu Marturi bei Poggibonzi (unweit Siena) stattgehabte Gerichtsverhandlung und lautet so:

S. »In Christi nomine. Brevis recordazionis [pro futu]ris temporibus ad memoriam habendam vel retinendam, qualiter in presenzia Nordilli, missi domine Beatricis ductricis et marchionissę, et Iohannis vicecomitis . . . . . p. d. . . . .[d] in iudicio cum eis residentibus Guillielmo iudice, et Pepone legis doctore, et Rodulfo filio bone memorie Segnori, et Rolando filio bone memorie Rustici, et Aldiberto filio bone memorie Baruncelli, et Stefano filio bone memorie Petroni, et Benzo filio bone memorie Benzi, et Segnoritto filio bone memorie Boniti, et reliquis pluribus, proclamavit Iohannes, advocatus ecclesie et monasterio sancti Michaelis site in castello qui vocatur Martuli, una cum prepositus Gerardo eiusdem ecclesie et monasterii, adversus Sigizonem de Florentia de quibusdam terris et de ecclesia sancti Andreę sitis in loco Papaiano, que fuerunt Winizonis filius bone memorie Ugonis, et ostendi[t cartulam] per quam predicto Winizo res [istas Ugoni] marchioni concessit, et quandam aliam qua continebatur, Ugonem marchionem easdem res prefato monasterio dedisse. Huic intenzioni prefatus Sigizo temporis prescriptionem obiecit dicens, inter se suumque patrem predictas res per quadrainta annorum curricula esse possessas. Quam Sigizonis excepzionem pars suprascripti cenobii allata replicazione infirmavit affirmans, infra prefata tempora huius litis factam esse proclationem[e]; et tribus idoneis hominibus productis, s[c]ilicet Iohanne predicte ecclesie advocato, et Stefano filio bone memorie Petroni, et Aldiberto filio bone memorie Baruncelli, dixerunt, abatem Iohannem de predictis rebus marchioni Bonifazio, et

---

Ricci p. 41 seg. nr. III. Ich gebe sie nach dem Abdrucke bei Ficker, Urkunden Nr. 73, welcher nach dem Original gemacht ist und mit demjenigen bei Ricci p. 56 seg. bis auf Kleinigkeiten übereinstimmt. Wegen früherer Abdrücke s. Ricci p. 41 seg. nr. III.

[d]) Die Lücke anscheinend schon ursprünglich radirt, die Buchstaben undeutlich.

[e]) Soll heißen: »proclamationem«.

Guidricum abatem duci Gotifredo et comitisse Beatrici proclamasse, et ita se iuraturos promiserunt; et insuper predictus Iohannes advocatus tactis sacrosanctis evangeliis iuravit [ut supra]. Stefano quoque et Aldiberto [suprascriptis] iurare volentibus, utraque pars consensit, advocati sacramentum sufficere. His peractis supradictus Nordillus, predicte domine Beatricis missus, lege Digestorum libris inserta considerata, per quam copiam magistratus non habentibus restitutionem in integrum pretor pollicetur,[f] restituit in integrum ecclesiam et monasterium sancti Michaelis de aczione omnique iure quod amiserat de terris et rebus illis, que fuerunt Winizonis de Papaiano, quas ipse Ugoni marchioni tribuit et Ugo marchio in ecclesiam sancti Michaelis contulit. Actum est hoc anno ab incarnatione domini nostri Ihesu Christi septuagesimo quinto post mille, mense marzio, indizione quarta decima feliciter. Factum est hoc intus burgum qui vocatur Martul prope plebem sancte Marie territurio Florentino feliciter. S. Addo fidem dictis scribens ego Nordilus istis.«

Dass der hier auftretende »legis doctor« Pepo unser Bologneser Rechtslehrer ist, kann bei der Seltenheit des Namens nicht zweifelhaft sein, zumal da, wie sich zeigen wird, von jener Zeit an recht häufig Bologneser Rechtskundige in tuscischen Gerichten zugezogen wurden und schon die nach Ficker bei tuscischen Rechtskundigen nie vorkommende Bezeichnung als »legis doctor« beweist, dass dieser Pepo kein tuscischer Rechtskundiger war.[g] Aber mich dünkt, die Urkunde zeugt auch durch ihren Inhalt beredt genug für die Mitwirkung eines für die damalige Zeit ungewöhnlich, und zwar schulmäſsig gebildeten Juristen. Denn erstens, und das verschafft ihr eine ganz besondere Bedeutung, ist sie, da eine früher dem Jahr 752 zugeschriebene Aretiner Urkunde sich als erst

f) L. 26 §. 4 D. ex quib. caus. mai. 4, 6: — — »sed et si magistratus copia non fuit, Labeo ait restitutionem faciendam«.

g) S. Ficker, Forschungen III. S. 133. Gleicher Ansicht Savigny IV. §. 3, Ricci p. 18.

dem Anfange des 12. Jahrhunderts angehörig herausgestellt hat,[h] nach dem jetzigen Stande der Forschung die einzige aus der Zeit vor Irnerius, in welcher eine Stelle der Digesten ausdrücklich angeführt und sogar einer gerichtlichen Entscheidung zu Grunde gelegt wird. Zweitens aber zeigt sie auch in den an L. 1 §. 1 c in f. C. de annali exc. 7, 40 (»sola hypothecaria actione quadraginta annorum utente curriculis«) anklingenden Worten: »predictas res per quadrainta annorum curricula esse possessas« und in der scharfen und richtigen Gegenüberstellung der »intentio« des Klägers, der ihr entgegengesetzten (»obiecta«) »exceptio«, hier »temporis praescriptio«, des Beklagten, endlich der zur Entkräftung (»infirmatio«) der letzteren beigebrachten »replicatio« des Klägers unverkennbar den Einfluss eines nicht allein mit der Justinianischen Gesetzgebung und ihrer Sprache vertrauten, sondern auch in der theoretischen Handhabung des römischen Rechtes geschulten Rechtskundigen. Auch in diesen Stücken steht sie, wie Ficker richtig bemerkt, unter den Gerichtsurkunden der damaligen Zeit ganz vereinzelt da. Und nicht minder erscheint sie als vereinzelt in Rücksicht ihrer Fassung und der ungewöhnlichen Güte des Ausdruckes, wenigstens von »Huic intenzioni« an.[i] Alle diese Eigenthümlichkeiten fallen um so mehr auf, wenn man diese Urkunde vergleicht mit einer anderen durch sie veranlassten, an demselben Orte ebenfalls vor Nordilus und im März 1076, wahrscheinlich nur einen oder zwei Tage später, errichteten und von der Hand des nämlichen Notars Segnoritto geschriebenen.[k] Denn die letztere zeigt in grellem Abstich eine ganz ungewöhnlich rohe Form. Sie

h) S. Savigny II. §. 80 und Zusatz von Merkel in Savigny VII. S. 66 ff.

i) S. Ficker, Forschungen III. S. 126 und seine Bemerkungen zu der Urkunde in Ficker, Urkunden S. 100.

k) Abgedruckt bei Ficker, Urkunden Nr. 74. Vgl. die Bemerkungen Ficker's zu beiden Urkunden.

kann daher unmöglich von dem nämlichen Verfasser herrühren. Beachtet man noch, dass, wiederum höchst auffallend, jener Notar nur die zweite Urkunde unterschrieben hat, während die erste blofs von Nordilus unterschrieben ist, obgleich das Pergament auch für die Unterschrift des Notars Raum geboten hätte: so wird man unabweislich zu dem Schlusse geführt, dass der Notar Segnoritto die zweite Urkunde nicht allein geschrieben, sondern auch verfasst hat, während ihm die erste von einem Anderen in die Feder dictirt ist, jedoch anscheinend mit Ausnahme des ersten, vorwiegend Förmlichkeiten enthaltenden Satzes, da dieser sowohl durch sprachliche Fehler wie durch Mangel an juristischer Schärfe und Genauigkeit des Inhaltes sehr unvortheilhaft gegen die folgenden absticht. Wer war aber dieser Andere? Ficker denkt an den Nordilus selbst. Allein diese Annahme ist kaum wahrscheinlich, da Nordilus, gesetzt er hätte die erste Urkunde dictirt, dann doch wohl auch die Abfassung der zweiten dem ungeschickten Notar nicht vollständig überlassen haben würde. So gelangt man unwillkürlich zu der Vermuthung, die grofse Verschiedenheit der beiden Urkunden möge ihren Grund darin haben, dass die erste von Pepo dictirt sei, welcher allein bei ihr, nicht aber bei der zweiten mitwirkte. Und diese Vermuthung wird noch erheblich verstärkt durch die Beobachtung, dass in jener ersten die angeführte Digestenstelle als »lex«, und nicht als »capitulum« bezeichnet ist. Die letzte Bezeichnung war für die Stellen des Codex und der Digesten während des 10. und 11. Jahrhunderts in Italien die allgemeine. Sie findet sich in Urkunden von 1014 und 1060 (Rom),[1] ferner in der Pistoieser Glosse zum Codex, in den neueren Glossen der Turiner Institutionenhandschrift D. III. 13 (s. o. XXIII), in den Glossen des Tübinger Rechtsbuches, in der Expositio zum Liber Papiensis, in der Kölner Institutionenglosse, in der Anklageschrift des Petrus Crassus

[1]) S. Savigny II. §. 81 not. d und e, Ficker, Urkunden Nr. 67.

(s. o. XVI a. E.) u. s. w.[m] Der Bologneser Schule ist sie aber von Anfang an fremd; man begegnet hier immer nur dem Ausdrucke »lex«.[n] Kommt dieser nun für eine Digestenstelle in einer Urkunde vor, welche erwiesenermaſsen unter Mitwirkung eines Bologneser Rechtslehrers errichtet ist, so darf man ihm gewiss mit Fug die Urheberschaft zuschreiben.[o]

Will man diese Folgerung als schlüssig anerkennen, so zeigt die Urkunde, dass Pepo für seine Zeit in der That gar nicht unbedeutend war, dass namentlich die stärkere Berücksichtigung der Digesten, worin gewöhnlich das Hauptverdienst des Irnerius erblickt wird, bereits auf Pepo zurückgeht, und dass ihm also wohl ein ganz wesentlicher Antheil an der späteren Gröſse Bologna's gebürt. Er muss aber trotz der gegentheiligen Aeuſserung des Odofredus sogar ein damals namhafter Jurist gewesen sein; denn sonst hätte man ihn sicherlich nicht so weit von Bologna zu einer Gerichtssitzung zugezogen, am wenigsten ihm die Abfassung des Protokolls überlassen. Diesen Ruf hatte er sich gewiss hauptsächlich durch seine Lehrthätigkeit verschafft, und darauf scheint auch der Umstand zu deuten, dass er allein von allen Anwesenden in der Urkunde als »legis doctor« bezeichnet ist. Allerdings geht dieser Ausdruck im früheren Mittelalter durch-

---

m) Ich beziehe mich auf meine Nachweisungen in meiner Ausgabe der Glosse zu den Exceptiones L. Rom. S. 18 fg., 22 und in Ztschr. d. Sav. Stift. VII. Rom. Abth. Heft 2 S. 62 Anm. 1. Im 10. Jahrh. werden sogar die Titel der Institutionen mitunter als capita bezeichnet. So in der Bemerkung der Pistoieser Codexhandschrift, welche o. XXIV. d mitgetheilt ist. Vgl. auch die Turiner Institutionenglosse nr. 252 (10. Jahrh.).

n) Vgl. Ztschr. d. Sav. Stift. VI. Rom. Abth. S. 139 Anm. 4, VIII. Rom. Abth. S. 95 Anm. Auch bei dem Bologneser Canonisten Huguccio († 1210) ist dies nach den Angaben bei Schulte, Die Geschichte der Quellen und Literatur des canonischen Rechts I. S. 166 Anm. 29 nicht anders, obwohl er im allgemeinen nach der vorbolognesischen Uebung citirt.

o) Beiläufig sei hier bemerkt, dass in den Quaestiones ac monita (s. o. XXVI) §. 22 ein Institutionentitel in sehr auffallender Weise als »lex« bezeichnet ist. Sollte das auf Entstehung in Bologna deuten?

aus nicht immer auf einen Rechtslehrer, sondern kann auch einen Schöffen oder einen Rechtskundigen bedeuten.[p] Allein in Bologna scheint er seit Irnerius nur zur Bezeichnung eines Rechtslehrers vorzukommen,[q] und da nun ein plötzlicher Wechsel der Bedeutung nirgends ersichtlich, aufserdem von Pepo die Thätigkeit als Rechtslehrer bezeugt ist, so wird man muthmafsen dürfen, dass jener ihm in der Urkunde beigelegte Titel eben diese seine Thätigkeit ausdrücken sollte.

Hienach lässt sich aber aus der Urkunde auch noch mit einiger Wahrscheinlichkeit schliefsen, dass Pepo seine Lehrthätigkeit schon längere Zeit vor 1076 geübt haben müsse. Weiteres ist über ihn leider nicht zu ermitteln,[r] und darin darf die Bestätigung erblickt werden, dass, gemäfs den Erzählungen des Odofred, das Bewusstsein der Bologneser Rechtsschule und die in ihr bestehende Ueberlieferung den Ruhm und Einfluss dieser Schule nicht auf die Wirksamkeit Pepo's, sondern erst auf diejenige des Irnerius zurückführte.

XLIII. Noch geringere Bedeutung kommt in der Geschichte der Schule zwei Zeitgenossen Pepo's zu, welche man als Bologneser Rechtslehrer zu betrachten hat, wenn

---

p) Vgl. Savigny I. §§. 136 ff., Ficker, Forschungen III. S. 96, 128 fg. 132. S. o. XIII.

q) So mit aller Bestimmtheit Savigny I. §§. 136, 138, III. §. 77. Doch will ich den Zweifel nicht verhehlen, ob nicht auch in Bologna der Titel »legis doctor« zu allen Zeiten vielfach nur die tüchtige Rechtskenntniss ausdrücken sollte, da er doch später, wie noch in der Gegenwart, ganz überwiegend diese Bedeutung hatte. Sehr auffallend ist, dass in Zeugnissen aus seinem Zeitalter Irnerius selbst nirgends »doctor« genannt wird.

r) Ricci p. 17 not. 1 glaubt ihm noch in zwei anderen Urkunden von 1072 und 1078 (s. Ricci doc. II. und doc. V.) zu begegnen, in welchen der Abt des (von Bologna sehr weit entfernten) Klosters S. Salvator in Monte Amiata mit seinem »advocatus« oder »advocator« Pepo auftritt. Da dieser Pepo aber hier als ständiger Vogt des Klosters erscheint, so ist er doch wohl sicherlich nicht derselbe mit unserem Rechtslehrer Pepo. S. Ficker, Urkunden Nr. 77 Anm. Die Frage ist ziemlich gleichgültig, da die Urkunden, selbst auf den Rechtslehrer Pepo gedeutet, keine erheblichen Aufschlüsse über ihn liefern würden.

man von der, freilich unsicheren, Annahme ausgeht, dass der Ausdruck »legis doctor« in der Anwendung auf einen Bologneser schon vor Irnerius stets einen Rechtslehrer bezeichne. Nämlich einem Albertus, welcher in einer Bologneser Urkunde von 1067 als »Albertus legis doctor«, und einem Iginulfus, der in einer anderen von 1076 als »Iginulfus legis doctor« unterschreibt, — der letzte wohl derselbe, welcher in einer dritten von 1085 als »Igenulfus aulae regiae iudex« unterzeichnet ist.[a] Bei ihnen kann es daher, besonders da sie sonst bis jetzt gänzlich unbekannt sind, füglich an dieser kurzen Berührung genügen, und die Darstellung kann sich daher nunmehr zu dem berühmten eigentlichen Begründer der Schule wenden.

XLIV. Sein Name tritt bekanntlich in sehr verschiedenen Formen auf. In den Urkunden kommt er blofs als Warnerius oder Wernerius, nur Einmal italianisirt als Gernerius vor. Bei Schriftstellern des 12. Jahrhunderts sind aber auch die anderen italianisirten Formen Guarnerius und Garnerius nicht selten. Irnerius und Yrnerius wird erst seit dem Ende des 12. Jahrhunderts üblich; aber gerade diese späte Form hat sich seit langer Zeit allgemein eingebürgert und soll daher auch hier beibehalten werden.[a]

Irnerius war zweifellos in Bologna geboren und Bürger der Stadt.[b] Sonst ist von seinen Lebensverhältnissen ungemein wenig bekannt, und nicht einmal die Zeit seiner Geburt und seines Todes lässt sich angeben. Er kommt in Urkunden vor zum ersten Mal im Mai 1113 bei einer Gerichtsverhandlung im Ferraresischen vor der Markgräfin

---

[a]) Ricci doc. I., IV., VII. Ein »Rusticus legis doctus«, welcher in zwei Urkunden von 1088 und 1094 (Ricci doc. VIII., IX.) vorkommt, erscheint schon nach dieser Bezeichnung blofs als Rechtsgelehrter, nicht als Rechtslehrer.

[a]) Die Nachweise bei Savigny IV. §. 5.

[b]) Dies erhellt daraus, dass er in den Urkunden und in der Historia Mediolanensis des Landulfus de Sancto Paulo c. 45 (s. u. Anm. d) ausdrücklich als Bologneser bezeichnet wird. S. Savigny IV. §. 9 vbd. III. §. 52.

Mathilde von Tuscien, aber nicht unter den Iudices, sondern an der Spitze der Causidici. Sodann neunmal in den Jahren 1116—1118 bei Gerichtsverhandlungen des Kaisers Heinrich V. oder in anderen von diesem Kaiser ausgehenden Urkunden. Und zwar tritt er hier stets als Richter oder doch mit dem Titel »iudex« auf; in zwei am 18. und 22. März 1116 zu Padua gehaltenen Gerichten an zweiter Stelle nach einem iudex Teuzo, später immer als der erste. Dass es sich dabei jedesmal um die nämliche Person handelt, erhellt auch aus der Unterschrift, welche, wo sie vorkommt, stets gleichförmig so lautet: »Ego Wernerius (12. Mai 1116: Warnerius, 21. Juni 1118: Gernerius) iudex affui et subscripsi«, während die anderen Richter meist »interfui« schreiben.[c]

Noch stärker als durch diese Urkunden wird das Ansehen, dessen Irnerius bei Heinrich V. genoss, durch den Umstand bewiesen, dass ihn der Kaiser im Frühjahr 1118 mit nach Rom nahm, um das Volk durch die Ausführung,

---

c) Die erwahnten Urkunden sind abgedruckt bei Ricci als doc. XVII., XX.—XXV., XXVII., XXVIII., XXXI. Sehr bemerkenswerth ist, dass es in doc. XXVII. (15. Nov. 1116) anstatt der Unterschrift heifst: »Signum † crucis fecit Warnerius iudex«, — ein Beweis, dass auch schreibkundige Personen sich damals, ähnlich wie die Fürsten, mitunter mit einem beglaubigten Handzeichen begnügten, welches ja in der That juristisch die nämlichen Dienste thut. Aus solchen Erscheinungen, wie sie auch Gloria, Monumenti della Università di Padova p. 85 not. 2, p. 93 not. 5 beibringt, darf man also durchaus nicht ohne weiteres Schreibunkunde folgern. — Gloria p. 107 segg. will auch zwei Urkunden des Jahres 1100 (Ricci doc. XI., XII.) auf unseren Irnerius beziehen; aber ohne jeden Grund. Denn der in der zweiten fünfmal genannte Guarnerius wird darin als »potestas« von Monselice und als »comes« bezeichnet, hat also doch offenbar mit dem Bologneser Rechtslehrer nichts gemein. Ferner kann aber gar nicht zweifelhaft sein, dass mit diesem comes Guarnerius der in der ersten Urkunde als Richter genannte »Warnerius missus domini imperatoris« ein und derselbe ist; denn die Verhandlung spielt ebenfalls in Monselice, es wirken bei ihr zum Theil die nämlichen Beisitzer mit, und das in der zweiten Urkunde als Partei auftretende Kloster S. Zaccaria kommt auch hier als Partei vor. Offensichtlich handelt es sich beide Male um denselben Warnerius, welcher in einer Urkunde vom März 1094 (Ricci doc. IX.) als »missus domno Warnerio dux et marchio« bezeichnet ist, und von welchem Ficker, Forschungen II. S. 246 fg. handelt.

dass die ohne kaiserliche Bestätigung erfolgte Wahl des Papstes Gelasius II. rechtsungültig sei, zur Wahl eines Gegenpapstes zu bestimmen, was denn auch wirklich gelang.[d]

Die letzte Spur seines Wirkens und Lebens enthält eine von Ficker entdeckte Urkunde vom 10. Dezember 1125 über eine schiedsrichterliche Verhandlung im Mantuanischen zwischen den Klöstern S. Benedetto di Polirone und S. Zenone zu Verona, wobei für das erstgenannte neben dem »domnus iudex Armannus« aus Parma auch »domnus Warnerius et Raimundus iudices Bononienses« als Sachwalter thätig sind.[e] Er scheint aber noch einige Zeit länger gelebt zu haben, weil die Ursperger Chronik seiner in der allgemeinen Uebersicht der Regierung des Kaisers Lothar II. (1125 – 1137) gedenkt. (S. u. XLIX.)

Auf der anderen Seite ergibt sich aus den erwähnten Urkunden, dass er um 1115 nicht nur in grofsem Ansehen, sondern auch schon in höherem Alter stand.[f] Beides führt zu dem Schlusse, dass er seine juristische Lehrthätigkeit bereits erheblich früher eröffnet habe. Die Annahme, dass das um das Jahr 1088 geschehen sei, ist sonach nicht unwahrscheinlich. Zudem wird sie, wie sich zeigen wird, noch durch weitere Erwägungen begünstigt. Bevor aber davon die Rede sein kann, müssen die Nachrichten über jene Thätigkeit sichtend zusammengestellt werden.

XLV. Ursprünglich, so erzählt Odofred, war Irnerius zu Bologna Lehrer »in artibus«, worunter man nach

---

[d]) Landulfi de Sancto Paulo hist. Mediolan. c. 45 (Mon. Germ. hist. SS. XX. p. 40): »Magister Guarnerius de Bononia, et plures legis periti, populum Romanum ad eligendum Papam convenit, et quidam expeditus lector in pulpito S. Petri per prolixam lectionem decreta pontificum de substituendo Papa explicavit.« Vgl. Sarti Tom. I. P. I. p. 24 nr. XXVII.

[e]) Die Urkunde findet sich bei Ficker, Urkunden Nr. 99 und bei Ricci doc. XXXIV.

[f]) Vgl. die interessanten Nachweisungen von Ficker, Forschungen III. S. 46 fg., wonach in den Urkunden die Richter regelmäfsig nach dem Alter aufgezählt werden, so dass die Stellung an der Spitze der Reihe mit grofser Sicherheit auf ein höheres Lebensalter schliefsen lässt.

dem im 13. Jahrhundert ganz feststehenden Sprachgebrauche die weltlichen Wissenschaften mit Ausnahme der Rechtswissenschaft und der Medicin verstand. Eine nähere Andeutung über das Fach des Irnerius gibt Odofred durch die Bemerkung, jener habe als ehemaliger »logicus« zu einer Gesetzesstelle eine sophistische Glosse gemacht. (S. o. XLI. a.) Man darf danach annehmen, dass er die Fächer der Dialektik und der Rhetorik vortrug, welche ihn zufolge der damaligen Anschauungen zwangen, sich mit dem Rechte schon bis zu einem gewissen Grade zu beschäftigen, so dass der Uebergang zur eigentlichen Lehre der Rechtswissenschaft kein allzu schroffer war. Dafür spricht auch, dass er als Verfasser einer Sammlung von Formularen für die Notare genannt wird.[a] Er pflegte sonach als vormaliger Lehrer der Rhetorik noch immer denjenigen Zweig des dictamen prosaicum, welcher mit der Rechtswissenschaft am engsten zusammenhing.

XLVI. Ueber die Gründe, welche ihn bewogen, sein ursprüngliches Fach zu verlassen und sich der Rechtswissenschaft zu widmen, gehen die Nachrichten sehr auseinander.

Die Chronik des Robertus de Monte bemerkt zum Jahr 1032: nach der Auffindung der Justinianischen Gesetzbücher bei Bologna hätten Lanfrancus aus Pavia und in Gemeinschaft mit ihm Garnerius sich bemüht, sie zu lesen und Anderen zu erklären.[a] Dass dieser Bericht, soweit er sich auf mehr als auf die Person und die Lehrthätigkeit des Lanfrancus bezieht, ein völlig

---

[a]) Odofred. in Auth. Qui res (s. o. XLI. a), Accursius in glo. petitione ad L. 14 §. 5 C. de sacros. eccl. 1, 2. Vgl. Savigny IV. §. 23.

[a]) Mon. Germ. hist. SS. VI. p. 478 ad a. 1032: »Lanfrancus Papiensis et Garnerius socius eius repertis apud Bononiam legibus romanis, quas Iustinianus imperator Romanorum anno ab incarnatione Domini DXXX. abbreviatas emendaverat, his, inquam, repertis operam dederunt eas legere et aliis exponere; sed Garnerius in hoc perseveravit, Lanfrancus vero disciplinas liberales et litteras divinas in Galliis multos edocens tandem Beccum venit et ibi monachus factus est.«

unzuverlässiger und werthloser ist, liegt auf der Hand. Schon der Umstand, dass er den Irnerius zum Zeitgenossen des Lanfrancus macht, zeigt zur Genüge, dass die Vorstellungen seines Verfassers von Irnerius und von der Bologneser Rechtsschule ganz dunkle waren und auf bloſsen Gerüchten beruhten. Zudem ist nichts gewisser, als dass eine zufällige Entdeckung der Justinianischen Gesetzbücher für die juristische Lehrthätigkeit des Irnerius so wenig wie für die viel frühere des Lanfrancus der Anstoſs gewesen sein kann; denn es bedarf ja keines Beweises mehr, dass diese Gesetzbücher nie verloren oder unbekannt gewesen waren.[b] Gleichwohl hat gerade dieser Bericht auf die Bildung der Ansichten über die geschichtlichen Ursachen der Entstehung der Bologneser Rechtsschule bis zur Gegenwart einen überwiegenden Einfluss geübt. Zählt auch wohl die früher sehr verbreitete Annahme Jahrhunderte langer Verschollenheit der gesammten Justinianischen Gesetzgebung nur noch wenige Anhänger, so darf es immer noch als die weitaus herrschende Meinung gelten, dass wenigstens die Pandekten bis zum Ende des 11. Jahrhunderts unbekannt gewesen seien, und dass ihre zufällige Entdeckung den Irnerius zur Rechtswissenschaft gebracht und die Erneuerung derselben veranlasst habe. Für die Festhaltung jener früheren Annahme in dieser Einschränkung fehlt es aber vollends an jedem geschichtlichen Anhalt. Auch steht ja zur Genüge fest, dass die Pandekten, wenn auch ungleich minder benutzt als die übrigen Theile der Justinianischen Gesetzgebung, doch ebenfalls zu allen Zeiten des Mittelalters und jedenfalls lange vor Irnerius bekannt waren. Und dass sie schon vor Irnerius auch zu Bologna bekannt waren, erweist die oben mitgetheilte Urkunde, worin unter Mitwirkung des Bolognesers Pepo und offenbar auf

---

[b]) Aehnlich schon Sarti Tom. I. P. I. p. 5 sq. nr. XIII.—XV. Vgl. auch Savigny IV. §. 8.

seine Veranlassung eine Digestenstelle zur Grundlage einer gerichtlichen Entscheidung gemacht wird.

XLVII. Durch diese Urkunde wird aber zugleich die Erzählung des Odofredus widerlegt, wonach zur Zeit, als Irnerius die artes gelehrt, die Justinianischen Gesetzbücher von Ravenna nach Bologna gebracht worden wären und darin der Anlass zur Beschäftigung des Irnerius mit ihnen gelegen hätte.[a] Um diese Erzählung richtig zu würdigen, muss man beachten, dass Odofred auch von einer früheren Ueberbringung jener Gesetzbücher aus Rom nach Ravenna erzählt, und diese erste Wanderung der Bücher mit dem Uebergange des »Studium« von Rom nach Ravenna, jene zweite gleicherweise mit dem Uebergange desselben von Ravenna nach Bologna in unmittelbare Verbindung bringt. Da nun überdies den geschichtlichen Thatsachen gegenüber weder von der einen noch von der anderen dieser Wanderungen ernstlich die Rede sein kann: so ist wohl von selbst einleuchtend, dass die Bologneser Ueberlieferung von jenem doppelten Uebergange der Gesetzbücher nur in derselben Weise sinnbildlich zu verstehen ist, wie man vom Uebergange der Krone von einem Fürsten auf seinen Nachfolger zu reden pflegt.[b] Odofredus scheint sie freilich buchstäblich genommen zu haben, da er sogar die Reihenfolge der Ueberbringung genau anzugeben weiſs. Möglich und nicht ganz unwahrscheinlich, dass

---

[a]) S. o. XLI. a und die bei Savigny III. §. 158 IV., V. abgedruckten Stellen. Odofredus redet freilich theils in diesen Stellen, theils in der bei Savigny a. a. O. unter III. abgedruckten auch von einer Auffindung der Gesetzbücher. Er hatte sich also offenbar keine klaren Vorstellungen gebildet, und man thut ihm nicht Unrecht mit der Annahme, dass er eine Bologneser Ueberlieferung nicht verstanden habe. Zudem verräth er durch die erstaunliche Unkenntniss der Geschichte, welche er in der o. XV. h. mitgetheilten Stelle an den Tag legt, dass er die »Ueberlieferung der Vorfahren« unverstanden wiedergibt. Vgl. Sarti Tom. I. P. I. p. 6 nr. XV.

[b]) So schon Tiraboschi, Storia della Letteratura italiana Tom. III. p. 370. Wenn er glaubt, dass Odofred selbst seinen Bericht von der Wanderung der Bücher bloſs allegorisch gemeint habe, so thut er ihm doch wohl unverdiente Ehre an.

sich Irnerius einzelne Stücke der Justinianischen Gesetzgebung, wie etwa das Infortiatum, erst aus Ravenna verschafft hat, und dass so vielleicht in der Erzählung des Odofredus doch ein Körnchen Wahrheit steckt. Im ganzen aber ist diese Erzählung völlig eben so grundlos wie der Bericht des Robertus de Monte.

XLVIII. Noch offensichtlicher gehört dem Bereiche der Fabel an eine Bemerkung des Hostiensis (Henricus de Segusia), welcher in den zwanziger Jahren des 13. Jahrhunderts in Bologna studirt hatte, und in seinem Commentar zu den Decretalen an das Citat der bekannten Bibelstelle (Matth. X, 29): »Nonne duo passeres asse veneunt?« die beiläufige Aeufserung anknüpft: »propter quod verbum venit Bonon. studium civile, sicut audivi a domino meo«.* Man müsste dies natürlich so ergänzen: Irnerius sei durch die Anfrage eines Theologen nach der Bedeutung von as zu einer Nachforschung darüber veranlasst worden, welche ihn zur Bekanntschaft mit der Justinianischen Gesetzgebung und so zur Gründung der Rechtsschule geführt habe. Es ist zur Beseitigung der Glaubhaftigkeit dieser Erzählung kaum nöthig zu sagen, dass zur Ermittelung der Bedeutung von as in der Bibelstelle, gesetzt dass sie überhaupt zweifelhaft sein konnte, einem Theologen wie einem Grammatiker andere und näher liegende Hülfsmittel zu Gebote gestanden hätten, und dass auf das Nachschlagen der Justinianischen Gesetzbücher zu diesem Zwecke schlechterdings nur Derjenige verfallen konnte, welcher mit ihrem Inhalte schon bekannt war; denn die Erzählung trägt so offen das Gepräge einer blofsen zur Veranschaulichung des Satzes: Kleine Ursachen, grofse Wirkungen! bestimmten Kathederanekdote, dass man von vornherein gar nicht ernsthaft daran denken kann, sie als geschichtliches Zeugniss zu verwerthen.

---

*) Die Stelle findet sich vollständig bei Savigny IV. §. 7 not. a. »Dominus meus« ist im Munde des Hostiensis stets Jacobus Balduini.

XLIX. Es bleibt nur noch Ein Bericht übrig, welcher mit Recht von jeher besondere Beachtung erfahren hat. Nämlich folgende Stelle aus der allgemeinen Uebersicht der Regierung des Kaisers Lothar II. in der Chronik des Propstes Burchard von Ursperg († 1226):

»Huius temporibus magister Gratianus canones et decreta, quae variis libris erant dispersa, in unum opus compilavit adiungensque eis interdum auctoritates sanctorum patrum secundum convenientes sententias opus suum satis rationabiliter distinxit. Eisdem quoque temporibus domnus Wernerius libros legum, qui dudum neglecti fuerant nec quisquam in eis studuerat, ad petitionem Mathildae comitissae renovavit et secundum quod olim a divae recordationis imperatore Iustiniano compilati fuerant, paucis forte verbis alicubi interpositis, eos distinxit. In quibus continentur Instituta prefati imperatoris quasi principium et introductio iuris civilis; edicta quoque pretorum et aedilium curulium, quae rationem et firmitatem prestant iuri civili: haec in libro Pandectarum, videlicet in Digestis, continentur; additur quoque his liber Codicis, in quo imperatorum statuta describuntur; quartus quoque liber est Autenticorum, quem prefatus Iustinianus ad suppletionem et correctionem legum imperialium superaddidit.«*

Burchard lebte nun zwar ein volles Jahrhundert später als Irnerius, allein sein Bericht empfiehlt sich schon durch die allgemeine Zuverlässigkeit seiner Chronik. Ueberdies wird die Bedeutung desselben sehr erheblich durch den Umstand gesteigert, dass Burchard für sein Werk aus sonst unbekannten italienischen Quellen geschöpft hat, welche er bei einem mindestens zweimaligen längeren Aufenthalte in Italien Gelegenheit hatte kennen zu lernen. Insbesondere ist bis zum Jahr 1162 als Hauptquelle ein gleichzeitiges Geschichtswerk des Priesters Johannes von

*) Mon. Germ. hist. SS. XXIII. p. 342. Aus den Vorbemerkungen zu dieser Ausgabe und aus Wattenbach, Deutschlands Geschichtsquellen im Mittelalter. 5. Aufl. II. S. 409 ff. sind die im Texte folgenden Angaben über den Werth und die Quellen der Chronik entnommen.

Cremona benutzt, und dieses darf daher mit ziemlicher Wahrscheinlichkeit als die Quelle auch jenes Berichtes betrachtet werden, welcher sonach nahe an die Lebenszeit des Irnerius heranrücken würde. Jedenfalls aber beweist er durch seinen Inhalt, dass er nicht auf bloſsem Gerüchte, sondern auf guter Kenntniss der Verhältnisse beruht. Denn er schildert nicht nur das Verfahren Gratian's bei der Abfassung seines Decretes ganz richtig, sondern er gibt auch die Theile der Justinianischen Gesetzgebung und ihren Inhalt vollständig und im ganzen durchaus richtig an. Aber noch mehr. Selbst die Bedeutung der Wirksamkeit des Irnerius kennzeichnet er, wenn man über eine kleine Ungeschicklichkeit des Ausdruckes hinwegsieht, mit merkwürdiger Schärfe und viel besser, als es bis auf die neueste Zeit zu geschehen pflegt. Denn es wird sich herausstellen, dass das epochemachende Verdienst des Irnerius in der That in der gründlichen Aufnahme des bisher nur ungenügend betriebenen Studiums der Justinianischen Gesetzbücher bestand. Und wenn weiter gesagt wird, er habe diese Gesetzbücher wieder in die ursprüngliche, ihnen von Justinian gegebene Ordnung gebracht und hie und da einige Worte dazwischengesetzt, womit offenbar kurze zwischen die Zeilen gesetzte Glossen gemeint sind, so ist ja das alles ebenfalls vollkommen zutreffend.[b] Sollte nun, wo alles andere die geschichtliche Probe besteht, bloſs die Erwähnung der Markgräfin Mathilde auf grundloser Sage beruhen? Aber wie hätte sich, da doch Bologna nicht unter der Herrschaft der Mathilde stand, eine solche Sage bilden sollen? Schon darum, weil sich dafür keine Erklärung finden lässt, muss man auch diesen Theil des Berichtes bis zum Gegenbeweise für glaubwürdig halten. Nun ist aber ein solcher Gegenbeweis nicht nur nicht zu führen, sondern es fehlt nicht an Thatsachen, welche jenen Bericht auf das kräftigste unterstützen. Ja es lässt sich sogar noch ein unter-

[b]) Vgl. Savigny III. §§. 159, 161.

stützendes Zeugniss beibringen. Denn wenn Odofredus erzählt (s. o. XLI. a), Pepo habe »auctoritate sua« angefangen, über das römische Recht zu lesen, bei Irnerius aber keine solche Bemerkung macht, so kann das doch kaum anders gedeutet werden als, dieser habe nicht sua auctoritate gelehrt, was dann durch die Ursperger Chronik seine nähere Erklärung erhält. Allerdings spricht sie nicht gerade von der Aufforderung zu einer Lehrthätigkeit; allein das hängt damit zusammen, dass sie dieser Seite der Wirksamkeit bei Irnerius wie bei Gratian gar nicht gedenkt, sondern bei beiden bloſs von der literarischen Thätigkeit redet. Und wenn die Markgräfin einen Lehrer nahe verwandter Fächer aufforderte, sich eingehender mit den Quellen des römischen Rechtes zu beschäftigen, so lag doch darin von selbst auch die Anregung, sich der Lehre dieses Rechtes zuzuwenden.

Uebrigens kann, dem Wortlaute des Ursperger Berichtes genau entsprechend, bloſs von einer solchen Aufforderung (»petitio«) die Rede sein, nicht von einer Anstellung des Irnerius als Rechtslehrer, wie man sie früher wohl annahm. Denn hiezu war die Markgräfin, da Bologna nicht zu ihrem Gebiete gehörte, gar nicht in der Lage. Wohl aber hatte sie natürlich die Möglichkeit zu jener Aufforderung. Und nicht allein die Möglichkeit, sondern auch die triftigste Veranlassung; und zwar durchaus nicht bloſs wegen ihrer eigenen hohen Bildung und ihres lebendigen Sinns für die Wissenschaft, sondern auch aus gewichtigen Gründen praktischer Art. Denn schon frühzeitig im 11. Jahrhundert begegnet man der auffallenden Erscheinung, dass Juristen aus der Romagna in tuscischen Gerichten, und zwar mitunter weit ab von der Romagna, als Beisitzer oder Sachwalter zugezogen werden, was gewiss aus ihrer genaueren Kenntniss des römischen Rechtes zu erklären ist.[e] Noch im Jahr 1067 über-

---

e) Ich beziehe mich hier und wegen des folgenden auf die gründlichen Nachweisungen bei Ficker, Forschungen III. S. 131 fg., 133 ff.

wiegen dabei in einem im Ferraresischen gehaltenen Gerichte, obgleich schon ein Iudex von Bologna mitwirkt, Juristen aus Ravenna. Seit der bereits besprochenen Gerichtsverhandlung von 1076 aber, in welcher der Bologneser Rechtslehrer Pepo einen so entscheidenden Einfluss übt, kommen, abgesehen von einer Verhandlung von 1113,[d] bei welcher die Anwesenheit zweier Ravennatischer Juristen aus der Betheiligung eines Ravennatischen Klosters zu erklären ist, Juristen aus Ravenna in tuscischen Gerichten gar nicht mehr vor; um so häufiger treten dagegen jetzt Juristen aus Bologna auf. So erscheint in einer Gerichtsverhandlung zu Garfagnolo vom 5. Juli 1098,[e] worin die Sachwalter (»causidici«) des als Partei betheiligten Klosters ein im Codex und den Institutionen enthaltenes Gesetz Justinian's (§. 14 Inst. de usucap. 2, 6) vorzeigen, ein nach den Richtern Ubaldus de Carpeneta und Bonus de Nonantola an erster Stelle genannter, also schon bejahrter »Albertus causidicus«, in welchem man, da er doch wohl jenes Gesetz vorgezeigt hatte (es sind in der Urkunde keine anderen »causidici« als er und ein nachgetragener Ubaldinus genannt), mit gutem Grunde den schon oben (XLIII) erwähnten »Albertus legis doctor« vermuthen darf, welcher in einer Bologneser Urkunde von 1067 vorkommt.[f] Ferner wirken in zwei Gerichtssitzungen der Markgräfin selbst vom 11. November 1103 (zu Marturi bei Poggibonzi) und vom 28. Dezember 1104 (anscheinend im südlichen Tuscien) die zwei Bologneser »causidici« Ioannes bonus und Marchisellus mit.[g] In einer schon (o. XLIV) erwähnten Gerichtssitzung, welche die Markgräfin im Mai 1113 im Ferraresischen hielt, derselben, in welcher Irnerius zum ersten Mal genannt wird,

---

[d]) Ricci doc. XVII.

[e]) Ficker, Urkunden Nr. 91, Ricci doc. X.

[f]) Ficker, Forschungen III. S. 134 und Ricci p. 43 nr. X. halten ihn mit einem in einer Bologneser Urkunde von 1118 genannten Albertus für denselben.

[g]) Ricci doc. XIII., XV. Vgl. auch doc. XIV.

sind aufser ihm mindestens noch vier andere Bologneser Causidici: Lambertus, Albertus, Marchisellus und Rolandus, zugezogen.[h] Der nämliche Lambertus wirkt als »causidicus de Bononia« zusammen mit einem anderen Bologneser, dem »Albertus gramaticus de sancto Marino«, am 9. Juni desselben Jahres bei einer Gerichtsverhandlung des oben erwähnten tuscischen Richters Ubaldus de Carpeneta mit.[i]

Das auffallende Verschwinden der Ravennaten aus den tuscischen Gerichten seit 1076 und ihr Ersatz durch Bologneser wird sich kaum anders erklären lassen als aus dem im Jahr 1075 erfolgten Regierungsantritte der Mathilde, welche als begeisterte Anhängerin Gregor's VII. mit den Juristen der Stadt, welche der Sitz und Mittelpunkt der diesem Papste feindlichen Bestrebungen war, keine Verbindung mehr haben wollte. Indessen aus sachlichen Rücksichten auf die Heranziehung von Juristen aus der Romagna angewiesen, wandte sie sich jetzt den Juristen zu Bologna zu, wo ja durch Pepo ebenfalls ein gründlicherer Betrieb des römischen Rechtes begonnen hatte.[k] Es musste ihr sonach alles daran liegen, dass dieses Studium und die eingehende Lehre des römischen Rechtes in Bologna fortdauere, damit dort immer die erforderliche Zahl tüchtiger Juristen sei, und damit namentlich ihre Unterthanen nicht genöthigt seien, sich zur Erlernung dieses Rechtes nach dem ketzerischen Ravenna zu begeben. Ihre Abneigung gegen diese Stadt und ihre Juristen musste sich aber natürlich noch beträchtlich steigern, seit aus der

h) Ricci doc. XVII. Vgl. Ficker, Forschungen III. S. 133 fg.

i) Ricci doc. XVIII. vbd. doc. XXXVI. und vgl. Ricci p. 22.

k) Bologna scheint im Investiturstreite auf der Seite Gregor's und der Mathilde gestanden zu haben. Man darf dies daraus schliefsen, dass auf dem Concil zu Guastalla im J. 1106 aufser den vier Bisthümern der Aemilia auch dasjenige von Bologna, und zwar unter den Bisthümern der Romagna dieses allein, der Hoheit des Erzbischofs von Ravenna entzogen wurde. S. Mansi, Concil. tom. XX. col. 1209. Vgl. Ficker, Ueber die Entstehungsverhältnisse der Exceptiones Legum Romanorum (Mittheilungen des Instituts für osterreich. Geschichtsforschung. II. rgänzungsband) S. 66.

dortigen Rechtsschule eine überaus heftige Streitschrift gegen Gregor VII. hervorgegangen und überdies der Erzbischof von Ravenna zum Gegenpapste gewählt worden war, Behufs dessen Einsetzung in Rom der Kaiser ihr Gebiet auf das ärgste verheerte. Als vollends zufolge dieses Krieges die Rechtsschule zu Rom gänzlich eingegangen war, mussten sich die genannten für Begünstigung und Förderung einer Rechtsschule zu Bologna sprechenden Rücksichten in allerstärkster Weise geltend machen. So wird es begreiflich genug, dass die Markgräfin einen begabten jungen Mann, welcher bereits nahe verwandte Fächer mit Erfolg gelehrt hatte, veranlasste, sich dem Studium und der Lehre des römischen Rechtes zu widmen; nicht minder begreiflich, dass dieser mit Bereitwilligkeit und Eifer einer solchen Aufforderung folgte, war ihm doch durch die Gunst und Empfehlung der mächtigen Fürstin von vornherein aus dem Gebiete derselben eine grofse Zuhörerzahl gesichert. Und endlich erscheint auch das schnelle Aufblühen der Bologneser Schule und der rasche Verfall derjenigen zu Ravenna nicht mehr als wunderbar. Die Glaubhaftigkeit des Ursperger Berichtes ist also in jeder Hinsicht bestens gesichert.

Nimmt man an, was demnach doch wahrscheinlich ist, dass die gedachte Aufforderung an Irnerius um die Mitte der achtziger Jahre des 11. Jahrhunderts erfolgt sei, und erwägt man, dass er dann immerhin einiger Jahre bedurfte, um sich in die Justinianische Gesetzgebung genügend hineinzuarbeiten, so hat es, wie schon früher gesagt, nichts unwahrscheinliches, dass er seine juristische Lehrthätigkeit um 1088 begann, und Bologna hat daher ein gewisses Recht, das achthundertjährige Bestehen seiner Hochschule, wenn diese in der üblichen Weise von dem ersten Auftreten des Irnerius als juristischen Lehrers gerechnet wird, gerade jetzt zu feiern.

L. Doch ich kehre zu Irnerius selbst zurück. Nachdem er sich für den Uebergang zu der Rechtswissenschaft und ihrer Lehre entschieden, studirte er nach den Erzählungen des Odofredus (s. o. XLI. a) die Justinianische Gesetzgebung »per se«, d. h. ohne mündliche Anleitung eines Lehrers, womit natürlich nicht gesagt ist, dass er ohne Benutzung der vorhandenen Rechtsliteratur studirt habe. Im Gegentheil muss er, gerade wenn er ohne die Hülfe eines Lehrers studirte, das Bedürfniss solcher literarischer Hülfsmittel desto stärker empfunden haben. Auch hat sich ja gezeigt, dass er wirklich eine ältere Rechtsliteratur gekannt und in seinen Glossen berücksichtigt hat. (S. o. XXII. b.) Uebrigens ist, in diesem Sinn verstanden, der Bericht des Odofredus für vollkommen glaubhaft zu halten; denn zufolge seines ursprünglichen Berufes musste Irnerius, ähnlich wie Petrus Damiani, vom Rechte schon so viel wissen, um, die bei ihm nicht zu bezweifelnde Begabung vorausgesetzt, bei gehörigem Fleifse und mit Hülfe der vorhandenen Literatur sich durch Selbststudium eine gründliche Kenntniss der genannten Gesetzgebung aneignen zu können. Es ist daher zur Erklärung seiner Fähigkeit zum Auftreten als Rechtslehrer nicht nöthig, so wie das mitunter geschehen ist, in ganz willkürlicher Weise anzunehmen, er habe in Ravenna oder gar in Constantinopel studirt.* Dagegen darf man schliefsen, dass zur Zeit, als Irnerius sich der Rechtswissenschaft zuwendete, Pepo nicht mehr am Leben und überhaupt in Bologna kein namhafter Rechtslehrer vorhanden war; denn sonst würde sich Irnerius doch schwerlich zu der viel härteren Arbeit des Selbststudiums entschlossen haben. Wohl möglich, dass auch der Tod des Pepo ein Beweggrund für die Markgräfin Mathilde war, den Irnerius zum Wechsel seines Berufes zu bestimmen. Die früher (XLIII) erwähnten »legis doctores« Albertus und Iginulfus, gesetzt dass in ihnen überhaupt Rechtslehrer zu erblicken sind, waren, wie auch die spätere gänzliche Verschollenheit

*) Vgl. Savigny IV. §. 8. Noch andere Fabeln über Irnerius sind zusammengestellt in der fleifsigen Jugendschrift von Alberto del Vecchio, Di Irnerio e della sua scuola (Pisa 1869) p. 29 segg.

ihrer Namen vermuthen lässt, gröfseren Ansprüchen wohl nicht gewachsen.

LI. Irnerius hingegen muss theils zufolge der kräftigen Förderung von Seite der Markgräfin, theils und ganz besonders aber auch durch seine Leistungen sehr bald grofse Erfolge erlangt und ein bedeutendes Mafs von Anerkennung und Ansehen erworben haben. Dafür zeugt der starke Einfluss, welchen er nach dem Tode der Mathilde bei Heinrich V. genoss, und die Wichtigkeit der Geschäfte, mit welchen ihn der Kaiser betraute. Gewiss aber kann daraus nicht mit Savigny (IV. §. 7) noch weiter gefolgert werden, er habe die Schule verlassen, um im Dienste des Kaisers den Geschäften zu leben; denn die Geschäfte, an denen er nach den Urkunden als betheiligt erscheint, waren sämmtlich nicht von der Art, um ein dauerndes Aufgeben seiner Lehrthätigkeit zu erheischen. Vielmehr wird man anzunehmen haben, dass er diese sein ganzes Leben lang fortsetzte, und dass dann seine Schüler, die berühmten »Vier Doctoren«: Bulgarus, Martinus Gosia, Jacobus und Hugo de Porta Ravennate, nach seinem Vorbilde weiter wirkten;[a] denn ohne diese Annahme bliebe zwischen Irnerius und den Vier Doctoren eine unerklärliche Lücke, zu deren befriedigender Ausfüllung weder der in einer Urkunde aus Bisano vom 27. September 1109[b] vorkommende »Petrus legis doctor da Monte

---

[a]) Als Schüler des Irnerius werden sie in einer bekannten Stelle der Chronik des Otto Morena ad a. 1158 (Mon. Germ. hist. SS. XVIII. p. 607, Savigny IV. §. 26) ausdrücklich bezeichnet. Nun ist freilich diese Stelle nicht echt, steht jedoch schon in der Pommersfelder Handschrift des 13. Jahrh.; im 13. Jahrh. aber konnte man doch von so bekannten und berühmten Juristen noch sehr wohl wissen, dass sie Schüler des Irnerius gewesen seien. Auch hat es, da dieser im Jahr 1125 noch lebte und thätig war, gar kein Bedenken, jene Juristen, von denen Bulgarus 1166, Martinus vor 1166, Jacobus 1178, Hugo um 1168 starb, als seine Schüler zu betrachten, und Savigny IV. §. 27 hätte dies gewiss nicht als unwahrscheinlich hingestellt, wenn er die Urkunde von 1125, worin Irnerius noch als thätig erscheint, gekannt hätte.

[b]) Ricci doc. XVI.

Armati«, noch die anderen von Ricci p. 21 seg. genannten Bologneser Juristen ausreichen, für deren Betrachtung als Rechtslehrer nicht einmal ein Anhalt besteht. Selbst Walfredus, welcher von 1128 an häufig in Urkunden als »iurisperitus«, »legis doctor« oder »magister« vorkommt, in einer Urkunde von 1157 als bei Lebzeiten »iudex imperatoris Lotharii« bezeichnet wird, 1146 noch am Leben, 1151 aber schon verstorben war,[c] erscheint, obgleich er laut jener Bezeichnungen zweifellos Rechtslehrer zu Bologna war, nicht als genügendes Mittelglied; denn hätte er nach Irnerius die Schule fortgesetzt, und wäre er der Lehrer der Vier Doctoren gewesen, so müsste bei Späteren öfter von ihm die Rede sein.

LII. Doch können diese Fragen hier offen bleiben, weil sie bereits die Grenzen vorliegender Arbeit überschreiten. Wohl aber muss noch gesagt werden, dass schon am Lebensende des Irnerius Bologna mindestens in Oberitalien einen bedeutenden Ruf als Sitz der Rechtsstudien erlangt hatte. Denn in einem um 1130 verfassten Gedichte eines unbekannten Verfassers über den Krieg zwischen Mailand und Como in den Jahren 1118—1127 heisst es bei der Aufzählung der Städte, welche Mailand im Jahr 1119 zu Hülfe kamen, von Bologna:

»Docta suas secum duxit Bononia leges«

und wiederum für das Jahr 1127:

»Docta Bononia venit et huc cum legibus una.«[a]

Immerhin kann damals Bologna als Rechtsschule noch lange nicht so berühmt und auch von weit her besucht gewesen sein wie in den späteren Zeiten des

---

c) Diese Angaben aus Sarti Tom. I. P. I. p. 28 sq.

a) De bello et excidio urbis Comensis ap. Muratori, Rer. Ital. Scriptt. Tom. V. p. 418 vers. 211, p. 453 vers. 1848. Wegen der Zeit der Abfassung s. p. 405. Die Stellen sind bereits verwerthet von Muratori, Antiquit. Ital. med. aevi diss. XLIV. Tom. III. p. 888 und von Sarti Tom. I. P. I. p. 25.

12. Jahrhunderts und namentlich zur Zeit des Azo, wo einmal zehntausend Scholaren in Bologna gewesen sein sollen. Denn sonst müsste von den Lebensumständen des Irnerius viel mehr bekannt sein, insbesondere die Zeit seines Todes sich näher feststellen lassen. Auch wäre es, selbst die damaligen unvollkommenen Verkehrsverhältnisse in gebürende Rechnung gebracht, ohne jene Voraussetzung unbegreiflich, wie man um die Mitte des Jahrhunderts in dem geistig angeregten und literarisch rührigen Kloster zu Bec von Irnerius so wenig wusste, dass Robertus de Monte ihn für einen Zeitgenossen des Lanfrancus halten konnte. (S. o. XLVI.) Endlich aber, und das ist völlig entscheidend, wäre es, gesetzt die juristischen Scholaren hätten um 1125 auch nur annähernd in Bologna die Rolle gespielt wie fünfzig Jahre später, schlechterdings undenkbar, dass der dortige Canonicus Hugo, welcher dann doch für seine Vorlesungen über die ars dictandi vornehmlich auch auf Juristen hätte rechnen müssen, in seinen Musterbriefen immer nur des Studiums der artes liberales, der Philosophie und der ars dictandi, niemals aber des Rechtsstudiums hätte erwähnen, ja sogar in einem seinen eigenen Namen an der Spitze tragenden Briefe dieser Art die wie eine Beleidigung für Juristen klingende Bemerkung hätte machen können: er habe sich ganz der ars dictandi gewidmet mit Absehen von den »ceterae artes parum vel quasi nichil subtilitatis afferentes.« (S. o. XLI. d.) Das Gewicht dieses Umstandes tritt um so stärker hervor, wenn man den Briefsteller des Hugo mit dem gleichzeitigen zu Pavia verfassten des Henricus francigena vergleicht, und wenn man da findet, dass in einem nach demselben Muster gearbeiteten und wesentlich gleichlautenden Briefe des Scholaren an den Vater bezw. Oheim um Geld bei Hugo nur von dem zu Bologna betriebenen Studium der »divina humanaque philosophia«, bei Henricus dagegen für Pavia an erster Stelle vom Studium der leges, erst an zweiter von demjenigen

der Dialektik die Rede ist.[b] Das führt unabweislich zu dem Schlusse, dass damals des Rechtsstudiums wegen vom Auslande noch weit mehr Scholaren nach Pavia kamen, als nach Bologna, und dass dieses noch ungleich gröfseren Ruf als Hochschule der artes liberales denn als solche der Rechtswissenschaft hatte. Und wird dieser Schluss nicht dadurch verstärkt, dass Irnerius sich veranlasst sah, selbst immer noch einen Zweig der ars dictandi zu behandeln?

Keinen Gegenbeweis, sondern eher eine weitere Verstärkung bietet die früher (XLI a. E.) erwähnte dichterische Schilderung der Begrüfsung Friedrich's I. von Seite der Bologneser Lehrer und Scholaren zu Pfingsten 1155, weil auch hier gar nicht vom Rechtsstudium, sondern vom Studium »artibus in variis« die Rede ist, woraus jedenfalls so viel erhellt, dass damals zu Bologna das Studium der Rechtswissenschaft gegen dasjenige der übrigen Wissenschaften noch durchaus nicht besonders vorwog.

LIII. Erst seit 1158 lässt sich ein Vorwiegen der Rechtsschule gegen die übrige Hochschule beobachten, und zwar zum ersten Mal in dem berühmten auf dem Roncalischen Reichstage erlassenen, zweifellos durch die dabei zugezogenen Bologneser »Vier Doctoren« veranlassten und von ihnen verfassten Gesetze Friedrich's I., welches auf seine Verordnung als Auth. Habita C. ne filius pro patre 4, 13 in den Justinianischen Codex eingerückt wurde. In diesem Gesetze gewährt nämlich der

---

[b]) Schon die Anfangszeilen der beiden Briefe werden dies in genügendes Licht stellen:

Hugo Bononiensis.	Henricus francigena.
»Innotescat vestre paternitatis auribus, me divina misericordia Bononię sanum alacremque instare ac divinę humanęque phylosophię studio incessanter vacare.«	»Vestre paternitati, patruelium piissime, innotescat, me exulem Papie studio legum — *vel* dialetice — alacrem et sanum nocte dieque aderere et incessanter utilitati mee pro posse ingenii vaccare.«

Vgl. Ztschr. d. Sav. Stift. VII. Rom. Abth. Heft 2 S. 66 ff.

Kaiser allen Scholaren,[a] welche der Studien halber in der Fremde weilen, vornehmlich aber den »legum professores« (»omnibus qui causa studiorum peregrinantur scolaribus et maxime divinarum atque sacrarum legum professoribus«) einen besonderen Schutz. Aufserdem verleiht er den Scholaren einen befreiten Gerichtsstand nach ihrer Wahl »coram domino aut magistro suo vel ipsius civitatis episcopo«. Die gedachten Rechtslehrer versäumten natürlich nicht, sich dieses auf ihren Betrieb ergangene, zwar der ganzen Hochschule günstige, aber vermöge seiner geschickten Fassung zumeist doch gerade ihren Interessen förderliche Gesetz zu Nutze zu machen. Insbesondere bezogen sie den Ausdruck »dominus« blofs auf sich, und nur das Wort »magister« auf die Lehrer der anderen Wissenschaften.[b] Auch kam die den Lehrern über die Scholaren verliehene Gerichtsbarkeit thatsächlich fast ausschliefslich den Rechtslehrern zu gute; denn den Gerichtsstand vor nicht juristischen Gelehrten haben doch die Scholaren wohl nur selten angerufen. Zudem machten die Bologneser Rechtslehrer geltend, dass die gedachte Gerichtsbarkeit den Lehrern der anderen Fächer erst durch das Gesetz Friedrich's gegeben, bei ihnen selbst aber durch dieses Gesetz nur anerkannt sei, da sie ihnen ohnehin schon nach dem Justinianischen Rechte kraft der Const. Omnem reipublicae §. 10 in f. zustehe.[c]

---

[a]) »Scholares« bezeichnet im 12. und 13. Jahrh. nicht immer blofs die Lernenden, sondern, und zwar selbst in amtlicher Sprache, nicht selten in weiterer Bedeutung die Lernenden und die Lehrenden. S. Kaufmann, Geschichte der deutschen Universitäten I. S. 100, 166.

[b]) Man vergleiche die Accursischen Glossen »Domino« und »vel magistro« zu der Auth. Habita. Wenn Savigny III. §. 64 diese Unterscheidung für grundlos und die Worte »vel magistro suo« nur für eine erläuternde Erklärung des »domino« hält, so beruht dies lediglich auf der irrigen Annahme, dass 1158 zu Bologna noch keine andere Schule als die Rechtsschule bestanden habe. Auch ist nach der richtigen Lesart: »aut magistro suo« eine solche Deutung geradezu ausgeschlossen.

[c]) S. die Accursische Glosse »Dedimus« zu der Auth. Habita. Vgl. Savigny a. a. O.

Schon dieses gab den Rechtslehrern und den juristischen Scholaren eine bevorzugte und thatsächlich bevorrechtigte Stellung. Aber dabei blieb man noch gar nicht stehen, sondern folgerte aus dem römischen Rechte den gleichen Rang der ausgebildeten Juristen, insbesondere der Rechtslehrer, mit den Rittern.[d] So machte man für die Rechtslehrer eine ganz besondere Würde, einen ungleich höheren Rang als denjenigen der Lehrer anderer Wissenschaften geltend.[e] Damit hing es zusammen, dass man den Doctortitel ausschliefslich für die Rechtslehrer, ursprünglich sogar blofs für die Lehrer des römischen Rechtes, in Anspruch nahm, und anderen Lehrern nur die Bezeichnung als magistri gestatten wollte.[f]

Nimmt man hinzu, dass die »Vier Doctoren« durch die wichtige Rolle, welche sie auf dem genannten Reichstage gespielt hatten, zu aufserordentlichem Ruhm und Ansehen gelangt waren[g] und durch die geleisteten Dienste

---

[d]) Nachgewiesen in meinem Buche über das castrense peculium S. 538 ff. Ich beziehe mich überhaupt auf die dortigen Ausführungen zum Belege, wie im Mittelalter solche Dinge gehandhabt wurden.

[e]) Man vergleiche z. B. die angeführte glo. Dedimus, wo es heifst: »Cum dederit (sc. Imperator) in hoc iurisdictionem praedictis, numquid poterunt delegare? Videtur quod non, ut — —. Sed dic, quod sic potest, quia non conceditur alicui eo, quod de maioribus sit, sed cuilibet etiam grammatico — —. Sed olim non, cum tantum legum professoribus erat concessum ideo, quia de maioribus sunt.« S. auch mein genanntes Buch S. 557, Sarti Tom. I. P. I. p. 11.

[f]) Vgl. den Eingang des bei Sarti Tom. I. P. I. praef. p. XIV. sqq. abgedruckten Schreibens des Papstes Alexander III. vom 5. Okt. 1159: »Alexander Episc. S. S. D. venerabili fratri Gerardo Episcopo et dilectis filiis canonicis Bononiensis ecclesiae et legis doctoribus ceterisque magistris Bononiae commorantibus.« S. auch Sarti Tom. I. P. I. p. XXVI., 267, 370.

[g]) Dieses Ansehen erhellt aus zahlreichen Zeugnissen (s. Savigny IV. §§. 26, 27). Am klarsten tritt es, und zugleich die nunmehrige Verschiebung des Schwerpunktes der Bologneser Hochschule in die juristische Facultät, hervor in der schon o. XLI. f theilweise mitgetheilten Stelle des Acerbus Morena, welche vollständiger so lautet: »Pollebat equidem tunc Bononia in litteralibus studiis pre cunctis Ytalie civitatibus, quatuor legum columpnis inter ceteros magnifice radiantibus. Subiugata est igitur plenarie ipsa civitas Bononie domno imperatori hiis quatuor doctoribus tum excellentibus, scilicet domnis Martino

die höchste Gunst des Kaisers gewonnen hatten, und dass man sich von Seite der Stadt Bologna natürlich wohl hütete, es mit so einflussreichen, zur Förderung der Interessen der Stadt so brauchbaren Männern zu verderben, so erklärt sich leicht, dass von jetzt an die juristische Facultät rasch die anderen in den Hintergrund drängte, zumal da sich durch die bekannte Begünstigung des römischen Rechtes von Seite Friedrich's I. in Verbindung mit seiner Begünstigung gerade der Bologneser Rechtsschule der Besuch dieser Schule namentlich von Deutschland her aufserordentlich steigern musste.[h] So konnte es denn schliefslich scheinen, als ob Bologna von Anfang an wesentlich blofs Rechtsschule gewesen sei, und daneben die Lehre der anderen Wissenschaften von jeher nur eine untergeordnete Stellung eingenommen habe.[i]

Wenn aber diese Gründe zum Verständnisse des Uebergewichtes genügen, welches in der zweiten Hälfte des 12. Jahrhunderts die Juristen an der Bologneser Hochschule selbst erlangten, so reichen sie doch nicht aus zu einer

---

Goxia et Bulgaro, Iacobo atque Ugone de Porta Ravagnana.« Besonders merkwürdig und der auffälligste Beweis des Ruhms der Vier Doctoren ist hier die Benutzung derselben zur Zeitrechnung für ein die Stadt Bologna betreffendes wichtiges geschichtliches Ereigniss, wo man doch vielmehr das umgekehrte erwarten müsste.

h) Besonders kommt hier in Betracht ein auch für die Geschichte der Reception des römischen Rechtes in Deutschland sehr wichtiges, aber bisher kaum beachtetes Gesetz Friedrich's I. vom 4. Dez. 1172 (wofür schon wegen der angegebenen indict. X. sicher mit Canciani 1162 zu setzen) an alle Unterthanen des Kaiserreichs (!) über Gegenstände der Rechtspflege, worin es unter anderem heifst: »De bonis vero decedentium sine liberis vel sine testamento, secundum quod in legibus Romanorum Imperatorum statutum est, sic ratum esse statuimus«. Das Gesetz setzt überhaupt überall die Geltung des römischen Rechtes voraus und beginnt schon im Stil Justinian's mit den Worten: »Hac edictali lege in perpetuum valitura decernimus« etc. Es findet sich in den Anhängen der Kriegel'schen Ausgabe des Corpus iuris Tom. III. p. 886 tit. IV. aus Canciani, Barbar. legg. ant. Vol. V. p. 47 sq.

i) Noch neuestens schreibt sogar Malagola in »Acta nationis germanicae universitatis Bononiensis« edidd. Ern. Friedlaender et Car. Malagola (Berol. 1887) p. XXI. nr. 2: das Studium Bononiense sei, wie bekannt, Anfangs blofs Rechtsschule gewesen, und erst nachher seien allmählich Lehrstühle der Medicin und der Artes hinzugekommen.

befriedigenden Erklärung der Erscheinungen, dass die Bologneser Rechtsschule auch alle anderen damaligen Rechtsschulen überholte, und dass die Schriften der Bologneser Rechtslehrer schon am Ende des 12. Jahrhunderts die gesammte juristische Literatur beherrschten und die alleinige Grundlage der ganzen weiteren Entwickelung der Rechtswissenschaft wurden. Ein solcher Erfolg konnte schlechterdings nicht blofs durch die bis jetzt genannten geschichtlichen Triebkräfte bewirkt werden, und seine Ursachen bedürfen daher einer besonderen Prüfung, womit zugleich die am Ende des ersten Abschnittes abgebrochene Untersuchung wieder aufgenommen und fortgeführt wird.

Dritter Abschnitt.

Die Ursachen des Erfolges der Bologneser Rechtsschule.

LIV. Dass durch die Entstehung einer Rechtsschule zu Bologna zunächst diejenige zu Ravenna so rasch völlig brachgelegt wurde, dass nach 1080 keine Spur mehr von ihr zu finden ist, erklärt sich leicht genug. Und zwar nicht allein aus dem mächtigen Einflusse der Markgräfin Mathilde, welcher den Besuch der Schule zu Ravenna in demselben Maſse mindern musste, wie er denjenigen der Bologneser Schule förderte, sondern auch und gar nicht weniger aus der unvergleichlich günstigeren örtlichen Lage von Bologna, einer Lage, welche die gesegnete Stadt von jeher zu einem starken Anziehungspunkte für junge Männer machen musste. Während das noch jetzt trotz seiner Eisenbahn und seiner Kanalverbindung mit dem Meer vom groſsen Verkehr weit abgelegene und einsame Ravenna mit seiner ganz flachen, öden und wenig gesunden Umgebung ungeachtet seiner zahlreichen und herrlichen Kunstschätze zu längerem Verweilen nicht einlädt, ist dies in Bologna in jeder Hinsicht anders. Schon im Mittelalter, ebenso wie in der Gegenwart, war es ein Hauptknotenpunkt des Weltverkehrs, welcher nicht nur verhältnissmäſsig leicht und sicher erreichbar war, sondern auch den Bewohnern in dem starken Durchzuge von Reisenden aller Art stete Abwechslung, Unterhaltung und Anregung bot.* Die Lage ist gesund, der Winter verhältnissmäſsig kalt und daher den Studien günstig; in der heiſsen Jahreszeit bietet das nahe Gebirg Gelegenheit zu erquickender Sommerfrische. Die Gegend ist überaus fruchtbar und liefert namentlich vorzügliches Obst und ausgezeichnete Trauben. Aber auch durch Gewerbthätigkeit und Handel war die Stadt schon im Mittelalter eine der reichsten und blühendsten, das Leben in ihr so gut, dass sie den Beinamen »la grassa« erhielt. Welcher Wohlstand schon am Anfange des 12. Jahrhunderts, also gerade in der hier vorzüglich in Betracht fallenden Zeit, in Bologna zu finden war, beweisen am besten die beiden in den Jahren 1109 und 1110 erbauten schiefen Thürme, von denen wenigstens der jüngere ganz absichtlich schief gebaut ist. Zu dem allem kommt noch die auſserordentliche Schönheit der Landschaft; und wer von S. Michele in Bosco die unmittelbar am Fuſse der reich bewachsenen Vorhügel des Apennin sich ausbreitende Stadt betrachtet hat, welche mit ihren Ringmauern und Thoren, ihren zahlreichen Kirchen und ihrem Wahrzeichen, den genannten, zwar nicht gerade schönen, aber eigenartigen und trotzigen schiefen Thürmen noch jetzt den Eindruck des Mittelalters macht, — wer auf der Höhe der Madonna di S. Luca die malerische Kette der Berge am Rande der weiten üppigen Ebene in das duftige Blau der Ferne hat verflieſsen sehen, — wer endlich in den schattigen Bogengängen der stattlichen Straſsen gewandelt ist und den lebhaften Verkehr der kräftigen, zumal in ihrer weiblichen Hälfte wohlgebildeten Bevölkerung beobachtet hat: der begreift, dass hier der Scholar sich wohl fühlen musste,

*) Wie richtig die Bedeutung dieses Umstandes für die Blüthe der Hochschule von jeher in Bologna selbst erkannt worden ist, beweist die erdichtete Stiftungsurkunde Theodosius' II., welche den Kaiser zuerst sagen lässt, er habe beschlossen, eine »civitas apta studio« zu erbauen, und worin es dann weiter heiſst: — — »civitatem Bononie, que in quadrivio quatuor provinciarum permanet, scilicet Ligurie seu Lombardie, Marchie Veronensis, Romaniole et Tuscie, ad perempne studium ordinamus«.

und dass es noch andere Stimmen als der Ruf der Weisheit waren, welche lockend an das Ohr des jungen Deutschen schlugen, wenn er vom Vater Erlaubniss und Reisegeld zum Studium in Bologna erbat.[b]

LV. Diese örtlichen Vorzüge mussten sich natürlich nicht blofs gegenüber Ravenna, sondern auch gegenüber anderen Hochschulen geltend machen. Allein, da immerhin lange Zeit, und noch in das 12. Jahrhundert herein, andere Städte, wie z. B. Pavia, eben so stark und vom Auslande aus anscheinend stärker als Bologna besucht waren, so können auch sie zur Erklärung des aufserordentlichen und in der Geschichte einzigen, alle übrigen Rechtsschulen vollständig verdunkelnden Erfolges, welchen Bologna sehr bald und gerade für das Rechtsstudium errang, nicht als genügend erscheinen. Sie wirkten zwar sehr erheblich begünstigend mit, so dass ohne sie Bologna

[b]) Dass diese Dinge schon im Mittelalter ihre Anziehung üben mussten, versteht sich von selbst; es wird aber auch unmittelbar bewiesen durch das oben (XLI a. E.) erwähnte Gedicht, worin auf die Frage des Kaisers (vers. 470): »Cur magis hec placeat quam quelibet altera tellus« ein Doctor im Namen der Scholaren antwortet (vers. 476 sq.):

»Nos, ait, hanc terram colimus, rex magne, refertam
Rebus ad utendum multumque legentibus aptam.«

Legentes sind hier, wie Giesebrecht richtig bemerkt, die Studirenden, nicht die Doctoren. — Weitere Belege dafür, dass man für dergleichen Annehmlichkeiten eines Ortes auch im Mittelalter nicht unempfänglich war, liefert für Orléans folgende Stelle aus den zwischen 1046—1049 beendigten Historiae des Rodulfus Glaber lib. II. c. 5 (Raoul Glaber, Les cinq livres de ses histoires, publiés par Maurice Prou. Paris 1886. p. 36): »Fuit namque predicta civitas (sc. Aureliana) antiquitus, ut est in praesentiarum, regum Francorum principalis sedes regia, scilicet pro sui pulcritudine ac populari frequentia necnon et telluris hubertate perspicuique irrigatione fluminis.« Ferner für Reims die Vita Adelberti II. Moguntini Anselm's (s. o. XX. e) in folgenden Versen (247 sqq.):

»Turribus et portis, valli munimine fortis
Urbs sedet in plano, quae pascitur aëre sano.
Longis et latis et muris firma quadratis
Prominet alta satis non parvae fertilitatis,
Nec tam fecunda quam felix fluminis unda.
Innumeros cives alit urbis copia dives;
Hic alit et clerum cunctarum copia rerum« etc.

Wegen der unvergleichlichen Anziehungskraft Bologna's für die Scholaren vgl. auch Kaufmann, Geschichte der deutschen Universitäten I. S. 179.

jene herrschende Stellung sicherlich niemals erreicht hätte; die eigentlichen und entscheidenden Gründe aber müssen auf einem anderen Gebiete, nämlich in den Leistungen der Bologneser Schule gesucht werden. Der Erfolg fiel ihr nicht, wie eine reife Frucht, durch die Gunst der Umstände mühelos und von selbst in den Schoos, sondern er ist von ihr in ernster und ausdauernder Arbeit redlich erkämpft und verdient worden.

Freilich kann keine Rede mehr davon sein, dass die Bologneser zuerst das römische Recht studirt, gelehrt und bearbeitet hätten, und dass am Anfange des 12. Jahrhunderts, namentlich nach dem Verfall von Ravenna, anderwärts gar keine Rechtswissenschaft zu finden gewesen wäre. Denn es hat sich ja bereits durch die früheren Erörterungen gezeigt, dass das Auftreten der Bologneser Schule vielmehr in eine Zeit des kräftigsten allseitigen Aufblühens der Rechtswissenschaft und des lebendigsten Interesses für diese Wissenschaft fiel. Auch muss man sich bei unbefangener Erwägung leicht überzeugen, dass dies für den raschen Erfolg der Bologneser Rechtsschule die allernothwendigste Vorbedingung war. Denn gesetzt, Irnerius hätte wirklich der früher herrschenden Ansicht gemäſs die Lehre des römischen Rechtes in einer Zeit vollständiger Verschollenheit und Jahrhunderte langer Vergessenheit desselben, mithin natürlich auch allgemeiner und gänzlicher Gleichgültigkeit gegen dasselbe eröffnet, so hätte ihm doch selbst die glänzendste Lehrgabe unmöglich auch nur eine irgend nennenswerthe Zahl von Zuhörern verschaffen können, noch ganz abgesehen davon, dass er selbst sich zum Studium und zur Lehre eines völlig verschollenen und nirgends in praktischer Anwendung lebenden Rechtes verständigerweise gar nicht hätte entschlieſsen können. Und wem hätte es vollends beifallen sollen, von Deutschland aus über die Alpen zu ziehen, um dort viele Jahre lang mit schwerem Geld und sauerem Schweiſs ein in der Heimat gänzlich unbekanntes und folglich unbrauchbares fremdes Recht zu erlernen!

Aber weiter: sogar die Annahme ist bereits durch die gedachten Erörterungen ausgeschlossen, dass das Geheimniss des so entschiedenen und vollständigen Sieges der Bologneser Schule über die anderen in gröfserem Lehrgeschick und besserer Darstellungsgabe gelegen habe. Im Gegentheil wurde sie hierin allem Anscheine nach von manchen anderen Schulen, namentlich von den französischen, übertroffen.[*]

So bleibt nichts übrig, als die Ursachen ihres Erfolges in dem Inhalte ihrer Leistungen zu suchen, also in ihrer wissenschaftlichen Richtung und in ihrer Art der Behandlung des römischen Rechtes. Hier muss denn aber zunächst wieder ein Blick auf die herrschende Art der Behandlung zur Zeit ihres Auftretens geworfen werden.

LVI. Wenn verschiedene Rechte ohne örtliche Sonderung ihres Herrschaftsgebietes neben einander in Geltung stehen, wie in Italien seit der langobardischen Eroberung, so sind, besonders in einer wissenschaftlich wenig entwickelten Zeit, bei der praktischen Handhabung wechselseitige Einflüsse, namentlich Vermengungen oder Verwechslungen, gar nicht zu vermeiden. Solchen Erscheinungen begegnet man denn auch in den italienischen Urkunden des früheren Mittelalters in reichstem Mafse.[*] Offenbar sind sie aber

*) Vgl. auch Savigny IV. §. 133.

*) Nachweise finden sich namentlich in der höchst lehrreichen Arbeit von C. Calisse, Le condizioni della proprietà territoriale studiate sui documenti della provincia romana dei secoli VIII, IX e X (Archivio della R società Romana di Storia Patria Vol. VII. p. 309 segg., Vol. VIII. p. 60 segg.). Man vergleiche z. B. Vol. VII. p. 336, 342, 347, 351, Vol. VIII. p. 86 segg. Besonders deutlich zeigt sich die Vermengung romischen und langobardischen Rechtes in einer Cavenser Urkunde von 1012 (Codex diplomat. Cavens. Tom. IV. nr. DCLVII. p. 206): Anna, die Wittwe eines Clerikers Johannes, schenkt dem Abte der Kirche des S. Maximus ein Grundstück »iuxta lex nostre Romanorum«, erklärt aber nichtsdestoweniger, im Mundium ihres Sohns zu stehen, empfängt von dem Abte Launegild und gibt ihm die guadia. Noch ungleich stärker aber schon in folgender bei Savigny II. §. 82 not. a mitgetheilten Stelle des Testamentes eines Presbyter Lupus und eines Clerikers Anspertus aus Bergamo vom J. 800 (Lupus, Cod. dipl. Bergom. Vol. I. p. 627): »In ea vero ratione, ut familias nostras ad nos pertinentes, servos et ancillas, aldiones et aldianes, de personas suas omnes liberis arimannis

gar nicht einmal alle auf unbewusste Irrthümer zurückzuführen, sondern man liefs sich zur Anwendung der Regeln des einen oder des anderen Rechtes oder sogar zur Abweichung von allen geltenden Rechten vielfach durch Rücksichten der Billigkeit oder Angemessenheit bewegen.[b] So mussten sich die Grenzen zwischen den verschiedenen Rechten, namentlich zwischen dem langobardischen und dem römischen, mehr und mehr verwischen. Entsprechend der immer weiter schreitenden Verschmelzung der Bevölkerung vollzog sich eine allmähliche Verschmelzung der in Italien geltenden Rechte. Im 11. Jahrhundert war diese Entwickelung schon ziemlich weit gediehen.[c] Die damalige Rechtswissenschaft, anstatt ihr

amundis absolutis permaneant ab omni conditione servitutis, et ius patronatis sint ad eos concesso civemque Romanis, et habeant potestatem testandi et anulo portandi.« Wegen Verschmelzung langobardischen und byzantinischen Rechtes in Unteritalien gegen Ende des 11. Jahrh. s. Brandileone in Studi e documenti di storia e diritto. Anno VIII. (1887) p. 80 segg., 88 segg.

b) S. Calisse Vol. VIII. p. 90.

c) So war die dreifsig- und vierzigjährige Verjährung frühzeitig aus dem römischen Rechte auch in das langobardische übergegangen: Calisse Vol. VII. p. 336 sq. Auf der anderen Seite erscheint das langobardische Launegild nach dem 10. Jahrh. in allen Schenkungsurkunden, auch wenn die Betheiligten nicht nach langobardischem, sondern nach römischem, salischem oder einem sonstigen Rechte leben. S. Padelletti, Delle professioni di legge nelle carte medio-evali (Estratto dall' Archivio storico Italiano Ser. III. tom. XX. 1874) p. 19. Ueberhaupt waren die Formen der Urkunden wesentlich die gleichen ohne Rücksicht auf das Recht, welchem die Betheiligten unterworfen waren: Padelletti p. 16. Auch das Processrecht war seit früher Zeit in einer immer weiter gehenden Ausgleichung begriffen. S. Calisse Vol. VIII. p. 86 segg., Bethmann-Hollweg, Der german.-roman. Civilprocess im M.-A. II. S. 287. Mit dieser Entwickelung hängt es zusammen, dass die professio iuris seit der zweiten Hälfte des 11. Jahrh. sich mehr und mehr zu einer den Parteien freistehenden Wahl des Rechtes für das einzelne Geschäft umbildet, ähnlich wie für das eheliche Güterrecht der code Napoléon noch jetzt die Wahl zwischen den verschiedenen Systemen der früheren Rechte freilässt. Vgl. Salvioli, Nuovi studii sulle professioni di legge nelle carte medievali italiane (Estratto dagli Atti e Memorie delle Deputazioni di storia patria per le Provincie Modenesi e Parmensi. Ser. III. vol. II. parte II. 1884) p. 22 segg., wo mit Recht auch darauf hingewiesen ist, dass in den in der Mitte des 11. Jahrh. anfangenden Statuten die Verschmelzung römischen und langobardischen Rechtes überall zum Vorschein kommt. Ferner und besonders L. Zdekauer, La confessione di legge nei patti dotali di

durch strenge Auseinanderhaltung der Grundsätze des römischen und des langobardischen Rechtes hindernd entgegenzutreten, war ihr vielmehr günstig und förderlich. Die Schule des langobardischen Rechtes zu Pavia benutzte, ganz ebenso wie dies später in Deutschland geschah, das römische Recht nicht nur zur wissenschaftlichen Erklärung, sondern geradezu zur Ergänzung des langobardischen, so dass dieses in der Expositio zum Liber Papiensis bereits eine sehr starke römische Färbung aufweist. Noch freier aber verfuhr die Schule des römischen Rechtes zu Ravenna. Sie hielt sich durchaus nicht streng an den Inhalt der Justinianischen Gesetzgebung, sondern nahm, wie die Exceptiones Legum Romanorum des Petrus zeigen, ähnlich wie gegen Ende des Mittelalters die Schule der Commentatoren, theils absichtlich, theils wohl auch wegen mangelhaften Studiums der Quellen vielfach italienischen Rechtsbrauch und Sätze anderer in Italien geltender Rechte, insbesondere des langobardischen, in ihre Darstellungen des römischen Rechtes auf. Noch mehr: die Ravennatischen Juristen glaubten sich als Nachfolger der classischen römischen Juristen, denen es ja gestattet war, Recht zu begründen (»iura condere«), befugt, in ganz freier Weise nach Rücksichten der Billigkeit und Zweckmäfsigkeit von dem bestehenden Rechte abzuweichen und neue Rechtssätze aufzustellen, welche als Folgerungen der wahren inneren Gerechtigkeit (»aequitas«) geradezu auf Allgemeingültigkeit Anspruch hätten; sie erscheinen also hierin als die Vorläufer der naturrechtlichen Schule viel späterer Jahrhunderte. Dass aber dies alles mit vollem Bewusstsein geschah, erhellt unzweideutig aus der

---

Firenze. Roma 1887 (Estratto dalla Rivista italiana per le scienze giuridiche. Vol. III. fasc. II.). — Ich verweise wegen des im Texte gesagten auch noch auf Ficker, Ueber die Zeit und den Ort der Entstehung des Brachylogus iuris civilis S. 12 fg. (Sitzungsberichte der phil.-hist. Classe der Wiener Akad. d. Wissensch. Bd. LXVII. 1871. S. 590 fg.) und Ficker, Ueber die Entstehungsverhältnisse der Exceptiones Legum Romanorum (Mittheilungen des Instituts für österr. Geschichtsforschung. II. Ergänzungsband. 1886.) S. 53 ff.

Vorrede zu den Exceptiones Legum Romanorum, welche, weil sie nach dieser Seite noch nicht gewürdigt ist, hier eine Stelle finden mag. Sie lautet nach der Ausgabe bei Savigny II. Anhang I. A. so:

»Cum de pluribus diversisque causarum generibus per tot variosque legum scrupulos ipsis etiam iuris sapientissimis legum doctoribus ad definitivam sententiam sine labore pervenire fas non sit: utriusque iuris, naturalis scilicet et civilis, ratione perspecta iudiciorum et controversiarum exitus planis et apertis capitulis enodamus. Si quid inutile, ruptum aequitative contrarium in legibus (!) reperitur, nostris pedibus subcalcamus, quicquid noviter inventum ac tenaciter servatum tibi Odiloni viro splendidissimo Valentinae[d] civitatis magistro magnifico, quibusque tibi placuerit, sensibus integris revelamus, ut in tuae sedis examine tuaeque dispositionis serie nihil iniustum provocationisve iuri subiectum appareat, sed ad vigorem iustitiae tuaeque dignitatis gloriam et ad supernae maiestatis laudem omni corruptione remota totum refulgeat.«

In diesem Sinn ist denn der Verfasser des Werkes auch wirklich verfahren.[e] Trotz des Titels: »Exceptiones Legum Romanorum« gibt es nicht selten Sätze des

---

[d]) So jedoch nur die Prager Handschrift und die Strafsburger Druckausgabe von 1500. Zwei Pariser Handschriften und die Turiner haben »Florentinae«. In der Vaticanischen fehlt jede Angabe einer Stadt. In der Tübinger Handschrift, in der früheren Pariser nr. 4719 (jetzt wohl nr. 336 der Collection Barrois in der Bibliothek des Earl von Ashburnham), endlich in der Florentiner (Cod. Laurentianus XXIX. 39) findet sich die Vorrede nicht.

[e]) So wird z. B. gleich in Tub. 2 (= Petr. I. 6) in f. dem Satze des romischen Rechtes (Iul. Epit. XXXVI c. 31), dass eine Wittwe, welche neben Geschwistern eines ihrer Kinder beerbe, im Fall der Wiederverheirathung von dem vaterlichen Erbgute desselben nur den Niefsbrauch haben soll, die Bemerkung beigefügt: »Quae diximus de matre, eadem et de patre iudicare, cum succedit filio in bonis quae ad eum per aequitatem venere ex successione vel ex donatione matris, non est inconveniens aequitati«. In Tub. 124 (= Petr. IV, 9) heifst es, dass bei einem Widerstreite der iustitia und der consuetudo, d. h., wie der Zusammenhang ergibt, der wahren inneren Gerechtigkeit und des geltenden

langobardischen Rechtes und zeigt auch sonst, namentlich in der Ausdrucksweise, mancherlei Einflüsse desselben.[f] An anderen Stellen enthält es Sätze, welche sowohl dem römischen wie dem langobardischen Rechte fremd sind.[g] Dass es sich dabei aber vielfach um bestehenden ober-

---

positiven Rechtes (vgl. u. LVII. g), nur die »idiotae« sich auf die Seite der consuetudo stellen könnten, während die »legis periti« der iustitia, welche stets mit der »veritas« übereinstimme, den Vorzug gäben. Vgl. noch Tub. 85 (= Petr. II, 15), Tub. 73 (= Petr. I, 19).

f) Von mir nachgewiesen in Ztschr. d. Sav. Stift. VI. Rom. Abth. S. 130 fg., wozu noch Tub. 54 (= Petr. IV, 34) bei Vergleichung mit Capitul. Langobard. Ludov. Pii c. 3 vbd. Lothar. c. 93 hinzukommt. Ferner ist hierherzurechnen die Reinigung des Beklagten durch Eid in Tub. 34 (= Petr. III. 6). — Ein Einfluss germanischen Rechtes, zugleich aber wohl ein Zusammenhang mit Petr. II, 42 in f., wird auch darin zu erblicken sein, dass in der sog. Anklageschrift des Petrus Crassus als in den Institutionen enthalten (!) folgender Satz vorkommt: »Omnis haereditas aut testamento aut successione ab intestato aut tacito pacto transfertur«. S. Ficker, Urkunden S. 115.

g) So namentlich in dem merkwürdigen Tub. 14 (= Petr. IV, 17), wo in echt mittelalterlichem Geiste gelehrt wird: es sei entschuldbar und straflos, wenn der Kläger aus Zorn darüber, dass der Beklagte sich nicht vor Gericht stelle, bewegliche Sachen desselben gewaltsam wegnehme, Grundstücke besetze, Häuser verbrenne (!), Weinberge, Saatfelder und Bäume verwüste. Dieser auffallende Satz, von welchem wohl nicht erst gesagt zu werden braucht, dass er dem römischen Rechte fremd ist, wird, wie App. Petri I. c. 11 verb. »set hec pena inponitur — — facere ulcionem«, hier wahrscheinlich die unmittelbare Quelle für Tub. 14, zeigt, vermittels eines überaus kühnen arg. a contrario aus L. 14 C. de Iudaeis 1, 9 abgeleitet, welche auch in der Glosse zu Tub. 14 ausdrücklich als Quelle genannt wird. Vgl. Tub. 16 (= Petr. III, 2) in f., wo zur Rechtfertigung eines ganz ähnlichen Satzes in der Glosse bemerkt ist: »Ab equo et bono«. — Ferner ist an sich sowohl dem römischen wie dem langobardischen Rechte fremd der Satz in Tub. 19 (= Petr. III, 46), wonach im Fall der Beleidigung der Beleidigte schwören soll: »pro quanto nollet iniuriam istam sibi esse illatam«, der Richter dann aber ein Ermäfsigungsrecht hat. Aber freilich wurde unter dem Einflusse des Zeitbewusstseins (s. die folgende Anm.) dieser Satz, wie mancher andere dem römischen Rechte unbekannte (s. z. B. u. LVII. b), auch von den Glossatoren als feststehendes römisches Recht angesehen. Vgl. in der Accursischen Sammlung glo. Aestimaverit ad §. 7 Inst. de iniur. 4, 4: »per sacramentum taxatione iudicis«, glo. Introduxit ad §. 8 Inst. eod., glo. Iniuriarum aestimatio ad L. 21 D. de iniur. 47, 10; ferner Azo in Summa ad Cod. de iniur. 9, 35 nr. 15, wo von verschiedenen Ansichten über die Fassung des zu leistenden Eides die Rede ist.

italienischen Rechtsbrauch handelt, lässt sich wenigstens in Einem Fall ganz bestimmt beweisen.[h]

Freilich sollte, auch hier im Anschlusse an die altrömischen Einrichtungen, die Befugniss, von den Gesetzen aus höheren Rücksichten abzuweichen, nicht schlechthin allen Richtern zustehen, sondern nur den »iuris auctorizabiles«, d. h. denjenigen Juristen, welche durch ihre Kenntnisse, ihre Stellung und ihren Charakter die nöthige Gewähr des richtigen Gebrauches gäben.[i]

LVII. Dass aber gerade in Ravenna diese Ansichten bestanden, und dass also ihr Auftreten in den Exceptiones Legum Romanorum eine kräftige Bestätigung der von Ficker erwiesenen Ravennatischen Herkunft dieses Rechtsbuches ist, kann durch nichts besser bewiesen werden als dadurch, dass schon im Jahr 1045 die dortigen Juristen sich für berufen erachteten, die klare, durch lange Anwendung feststehende Vorschrift des canonischen Rechtes, welche zwischen Verwandten bis zur siebenten Generation die Ehe ausschloss, durch Heranziehung des römischen Rechtes einschränkend zu mildern, — ein Vorgehen, welches

---

h) Nämlich für den in der vorigen Anm. zuletzt erwähnten Satz des Tub. 19 aus folgender Stelle des Berichtes der Ursperger Chronik über den Roncalischen Reichstag (Mon. Germ. hist. SS. XXIII. p. 348): »Super quo contra novas institutiones imperatoris murmurare coeperunt Lombardi; non est enim eorum consuetudo banna solvere, sed ut secundum leges romanas iniuriam passis satisfaciant, secundum quod iuraverint laesi, se talem velle pati iniuriam.« Dass die Exceptiones auf den bestehenden Rechtsbrauch Rücksicht nehmen, erhellt auch aus Tub. 13 (= Petr. II, 14), Tub. 67 (= Petr. IV, 10). Vgl. noch Ficker, Ueber die Entstehungsverhältnisse der Exceptiones Legum Romanorum (s. o. Anm. c) S. 52 fg., 68 ff.

i) Petr. IV, 3 in f.: »Hoc autem legum sive iudiciorum temperamentum non imprudenter quibuslibet hominibus vel iudicibus est committendum sed iuris auctorizabilibus, qui non faciliter gratia vel pecunia corrumpuntur, religiosis et timentibus Deum.« Die Stelle steht zwar nicht im Tübinger Rechtsbuche, sondern gehort zu den aus dem Ashburnhamer Rechtsbuche stammenden Bestandtheilen des systematischen Petrus. Sie kann aber hier unbedenklich als Beleg angeführt werden, weil diese Bestandtheile zweifellos aus dem nämlichen Literaturkreise stammen wie das Tübinger Rechtsbuch, also so gut wie dieses die in demselben bestehenden Anschauungen spiegeln.

sich blofs aus jener Auffassung ihrer Stellung erklären lässt. (S. o. XVI.)

Solche Anschauungen müssen aber damals überhaupt sehr verbreitet gewesen sein; denn sonst liefse sich nicht begreifen nicht allein, wie jene Juristen ein Vorgehen dieser Art wagen konnten, sondern noch viel weniger, wie es in weiten Kreisen Anklang finden konnte, am allerwenigsten, wie der Papst sich veranlasst sehen konnte, der gedachten, vom Standpunkte des damals geltenden canonischen Rechtes entschieden unrichtigen Einschränkung des Eheverbotes nicht mit einer blofsen kurzen Verweisung auf das bestehende Recht und seine langjährige Handhabung, sondern auch mit inneren, logisch-dialektischen Gründen entgegenzutreten, also die kirchlichen Vorschriften als vernünftig und dem Naturrechte entsprechend zu erweisen. (Vgl. o. XVI.) Und kann es auffallen, der Idee, dass aus höheren Rücksichten ein Abgehen von dem geltenden positiven Rechte erlaubt sei, dass die »veritas« und »iustitia« den Vorzug vor der »consuetudo« haben müsse, in einem Zeitalter zu begegnen, in welchem ein Papst nicht nur selbst diesen Grundsatz ausdrücklich ausspricht,[a] sondern zur Reinigung der Kirche von schweren Schäden und zur Erhöhung ihrer Machtstellung auch unbedenklich und in schroffster Weise der obersten weltlichen Gewalt gegenüber mit dem bestehenden Rechte bricht?

Wie sehr die bezeichnete freiere Stellung zum positiven Rechte und die ihr zu Grunde liegende Hinneigung zum Naturrechte dem damaligen Zeitgeiste entsprach, lässt sich auch noch daraus erkennen, dass einige der eigenthümlichen Sätze der Exceptiones Legum Romanorum in anderen juristischen Schriften des 11. Jahrhunderts wiederkehren, ja sogar 1068 in die Usatici von Barcelona bereitwillige Aufnahme fanden.[b]

---

a) S. c. 5 D. 8 von Gregor VII., mit Tub. 124 (= Petr. IV, 9) dem Sinn und zum Theil dem Ausdrucke nach übereinstimmend.

b) So kommt der o. LVI g erwähnte auffallende Satz des Tub. 14, wie dort schon bemerkt, in etwas milderer Fassung auch in App. Petri I.

Die volle Bestätigung aber, dass es sich hier um Anschauungen handelt, welche namentlich am Ausgange des 11. Jahrhunderts und zur Zeit des Auftretens der Bologneser Schule sehr allgemein herrschten, liegt in dem merkwürdigen Umstande, dass sie sich auch im Brachylogus finden.[e] Insbesondere betrachtet auch sein Verfasser sich und den Juristenkreis, dem er angehörte, offensichtlich als Nachfolger der altrömischen mit dem ius respondendi ausgestatteten Juristen, deren Auctorität in seinen Augen kaum geringer war als diejenige der Kaiser selbst.[d] Denn er redet manchmal geradezu im Ton des Gesetzgebers

---

c. 11 vor, d. h. in dem oben (XXVIII) besprochenen Institutionencommentar, von welchem im ersten Anhange zum systematischen Petrus ein Stück überliefert ist. Derselbe Satz steht aber, und zwar wörtlich mit Tub. 14 übereinstimmend, auch in den Usatici Barchinonae c. 105. Wie sehr gerade er der damaligen Denkweise entgegenkam, erhellt am besten daraus, dass er sogar noch von einigen der jüngsten Glossatoren: Azo' Johannes Bassianus und Accursius, vertheidigt wird. S. Azo, Summa ad Cod. I, 9 nr. 1, glo. ultionem ad L. 14 C. de Iudaeis 1, 9. Beiläufig ein ganz schlagender Beweis des Zusammenhanges der Glossatorenschriften mit der vorirnerischen Literatur. — Dass der Verfasser des genannten Institutionencommentars der im Texte bezeichneten naturrechtlichen Richtung huldigte, wird auch dadurch bewiesen, dass er (App. Petri I. c. 6a in f.) bei der Erorterung einer ebenfalls noch unter den Glossatoren viel verhandelten Streitfrage bemerkt: »Superior sententia secundum bonum et equum prevalere dicimus, inferior autem secundum legis rationem; nos autem bono et equo magis favemus.«

e) S. Brach. IV, 17 §. 2: »sin vero aequitas iuri scripto (!) contraria videatur, secundum ipsam iudicandum est.« Ferner die Vaticanische Glosse zu Brach. I, 2 §. 12 (ed. Bocking. p. 202: 6, 2 consuetudinis), welche in ihrer zweiten Hälfte mit Tub. 124 (= Petr. IV, 9) und mit dem Ausspruche Gregor's VII. in c. 5 D. 8 (s. o. LVI. c und o. Anm. a) übereinstimmt. — Zahlreiche, darunter sehr merkwürdige. Abweichungen des Brachylogus vom Justinianischen Rechte sind zusammengestellt in meiner Schrift über die sog. Turiner Institutionenglosse und den sog. Brachylogus S. 73 ff. Sie sind nur zum kleineren Theil daraus erklarbar, dass das Werk aus einer Schule hervorgegangen ist, welche ursprünglich auf dem Boden des westgothischen Breviars stand.

d) Das letzte erhellt aus folgender Aeufserung in Brach. IV, 35 §. 6: »Ab arbitro autem tantum communi partium consensu electo appellandum non esse, tam divi principes quam etiam iuris consulti voluere«, womit vollig übereinstimmt folgende Aeufserung der Vaticanischen Glosse zu den Worten: »Responsa prudentum sunt sententiae

und begnügt sich statt jeder weiteren Rechtfertigung einer entschiedenen Abweichung vom Justinianischen Rechte mit der Erklärung, dass jener Juristenkreis die volle Anwendung desselben nicht zugebe.[e] Und in der That lässt sich auch allein aus dieser Auffassung der Stellung und der Aufgabe der als Meister ihres Faches anerkannten Juristen die an sich höchst auffallende Thatsache erklären, dass in Frankreich seit dem Ende des 11. Jahrhunderts das Justinianisch-römische Recht so unbedenklich und ohne jede sichtbare Schwierigkeit neben demjenigen des Breviars und mit rascher Verdrängung desselben Eingang finden konnte.

So war, wie sich im 11. Jahrhundert, zwar auf römischer Grundlage, aber doch mit starken Abweichungen, ein neuer mittelalterlicher Baustil entwickelte, in dem nämlichen Zeitalter unter der Herrschaft und dem Einflusse der dargelegten Zeitgedanken, welche durch Aussprüche der Kirchenväter und des canonischen Rechtes begünstigt wurden,[f] auch ein neues mittelalterliches Recht in der Bildung begriffen, gleichfalls im Kerne römisch, aber den modernen Ideen und Verhältnissen sich anpassend. Auf diesem Gebiete konnte aber die Entwickelung nicht, wie auf jenem, zu voller Reife gedeihen, weil sie durch das Auftreten und die Thätigkeit der Bologneser Schule unterbrochen wurde.[g]

---

et opiniones eorum, quibus datum erat a Caesare ius respondendi« in Brach. I, 2 §. 10: »Consulentibus, ut eorum responsio et interpretatio pro lege habeatur«.

e) Brach. IV, 12 §. 2: »Haec autem omnia non solum in omnibus ordinariis iudiciis, sed et inter arbitros locum habere volumus« (vgl. Brach. IV, 35 §. 6 in der vorigen Anm.); Brach. II, 34 §. 3: »aliam vero personam ex transverso in locum patris sui succedere praeter fratris filium, non concedimus.«

f) Man vergleiche die in Gratian's Decret P. I. dist. VIII., IX. angegebenen Stellen. Wegen der frühzeitig im Mittelalter auftretenden, für die Gestaltung des canonischen Rechtes höchst einflussreichen naturrechtlichen Richtung s. auch v. Eicken, Geschichte und System der mittelalterlichen Weltanschauung (Stuttgart 1887) S. 548 ff.

g) Damit soll aber nicht gesagt sein, dass die geschilderte naturrechtliche Richtung durch die Bologneser Schule sofort und spurlos verdrängt worden wäre. Im Gegentheil tritt sie um die Mitte des 12. Jahrh.

LVIII Irnerius und seine Nachfolger schlugen nämlich in schärfstem Gegensatze zu jener herrschenden Richtung ihrer Zeit, welche einem genauen Quellenstudium so wenig wie die naturrechtliche Schule des 17. und 18. Jahrhunderts günstig war, eine ganz positive und quellenmäfsige ein, was gewiss hauptsächlich damit zusammenhängt, dass Irnerius bei seinem Uebergange zur Rechtswissenschaft sich die nähere Kenntniss des römischen Rechtes nicht auf einer Rechtsschule und unter dem lebendigen persönlichen Einflusse angesehener, neben ihrer Wirksamkeit als Rechtslehrer zugleich mit der praktischen Anwendung des Rechtes befasster Juristen, sondern durch Selbststudium der Justinianischen Gesetzbücher verschaffte. Dies gab seiner Thätigkeit von vornherein einen vorwiegend gelehrten, einseitig theoretischen Cha-

---

gerade zu Bologna selbst in Gratian's Decret mit besonderer Schärfe auf. S. Decreti P. I. dist. VIII., IX. und dict. Grat. hinter c. 5 D. I., woraus klar erhellt, dass man vom Standpunkte dieser Richtung unter »consuetudo« überhaupt das geltende positive Recht, sei es Gesetzesrecht oder Gewohnheitsrecht, verstand. Bei den kirchlichen Schriftstellern scheint sie sich bis in neuere Zeiten erhalten zu haben. Vgl. A. Ritschl, Drei Akademische Reden (Bonn 1887) S. 55 ff. Aber in Gegenden, welche, wie namentlich Nordfrankreich und Deutschland, dem Einflusse der Bologneser Schule nicht so unmittelbar ausgesetzt waren, übte sie auch auf die Behandlung und Fortbildung des weltlichen Rechtes noch lange Zeit eine nachhaltige Einwirkung. Denn aus ihr ist in Frankreich das um 1260 verfasste Rechtsbuch: »Li livres de Jostice et de Plet«, in Deutschland der nicht viel später entstandene Schwabenspiegel hervorgegangen, — Rechtsbücher, welche erst aus diesem Gesichtspunkte betrachtet zu ihrer richtigen geschichtlichen Würdigung gelangen. Vgl. Rapetti, Li livres de Jostice et de Plet (Paris 1850) p. XV ss., bes. p. XXV, XLVIII s., und in Ansehung des Schwabenspiegels Stobbe, Geschichte der deutschen Rechtsquellen I. S. 341 fg. Bedenkt man aber, dass jenes französische Rechtsbuch sehr wahrscheinlich aus der Rechtsschule zu Orléans stammt (Rapetti p. XXXI ss.), und dass der Verfasser des Schwabenspiegels den Brachylogus und seine Glossen als Quelle benutzt hat (s. u. LIX. d), also gleichfalls den Einfluss dieser Schule verrath: so wird man unwillkürlich zu der Vermuthung geführt, dass sie für das weltliche Recht fortwährend die Hauptträgerin der gedachten Richtung geblieben sei. Und dafür spricht auch die Freiheit in der Behandlung des Justinianischen Rechtes, welche sie noch im 14. Jahrh. bethätigte, und welche denn freilich von der italienischen Schule als Unwissenheit angesehen und verspottet wurde. Vgl. Savigny III. §. 149 not. d.

rakter.[a] In der Einsamkeit der Studirstube ohne unmittelbare Berührung mit dem Leben und den Anschauungen der Gegenwart blofs mit der Justinianischen Gesetzgebung selbst beschäftigt, konnte er in den Abweichungen früherer und zeitgenössischer Juristen von dem Inhalte derselben, da er den tieferen treibenden Beweggrund nicht erkannte, nichts anderes als unberechtigte Irrthümer und Folgen ungenügenden Studiums jener Gesetzgebung erblicken, und das ist um so verzeihlicher, als sie zu einem Theil wirklich nur solchen Ursprunges waren,[b] und als die gleiche Beurtheilung und Verurtheilung aller vom reinen römischen Rechte abweichenden gewohnheitsrechtlichen Elemente einer älteren Rechtsliteratur im 16. Jahrhundert und am Anfange unseres Jahrhunderts aus wesentlich gleichen Gründen sich wiederholt hat. Jenen Irrthümern gegenüber galt es nunmehr für Irnerius, den wahren und vollen Inhalt des Justinianischen Rechtes an das Licht zu stellen, und dies war natürlich nur durch umfassendstes und gründlichstes Studium aller Theile des Corpus iuris zu erreichen.[c] Damit hing es zusammen, dass jetzt

---

a) Diese einseitig theoretische Richtung der Glossatorenschule ist treffend hervorgehoben von Landsberg, Die Glosse des Accursius (1883) S. 43 ff. Er sagt sehr richtig: »Man ging von dem Gedanken aus, das Römische Recht sei das Recht, welches eigentlich gelten müsse; um das Recht, welches factisch galt, kümmern sich infolge dessen die Glossatoren gar nicht. — — Ihnen kam es nur darauf an, das Römische Recht, das ganze Römische Recht und das reine Römische Recht zur klaren und consequenten Darstellung zu bringen; mochte man dann weiter zusehen, wie man den so gewonnenen Schatz verwerthete; Pflicht der Praxis war es nach Ansicht der Glossatoren, sich nach dem Römischen Recht zu richten, nicht die Pflicht der Glossatoren, das Römische Recht den Bedürfnissen der Praxis entsprechend zu gestalten.«

b) So z. B., wenn in Brach. II, 9 §. 6 die Usucapionsunfähigkeit der res furtivae und vi possessae blofs auf die Lex Atinia zurückgeführt wird, in Brach. III, 20 §. 9 die Bestrafung des furtum manifestum mit dem vierfachen als Satz der zwölf Tafeln auftritt, in Brach. IV, 20 die actio confessoria als ein Erzeugniss des prätorischen Rechtes hingestellt wird u. dgl.

c) Im Hinblick auf dieses von Irnerius zum ersten Mal mit solchem Ernste betriebene Studium der Justinianischen Gesetzbücher und auf die in Bologna herrschende Zurückführung aller vom Inhalte des Corpus iuris

zum ersten Mal auch die Pandekten eingehend studirt und bearbeitet, so aber ganz von selbst und unausbleiblich mehr und mehr zum eigentlichen Mittelpunkte der Rechtswissenschaft wurden.

Die Schüler und Nachfolger des Irnerius wirkten im nämlichen Sinne fort. Ein schwacher Versuch des Martinus, in einem gewissen Maſse zu der früheren, den Vorzug der »aequitas« vor dem Rechtsbuchstaben verfechtenden Richtung zurückzukehren, blieb ohne nachhaltigen Erfolg.[d] Die überwiegende Mehrzahl der Bologneser Rechtslehrer hatte mit sicherem Blick erkannt, dass in der strengen Einhaltung des von Irnerius betretenen Weges wie die kennzeichnende Eigenthümlichkeit so die Bedeutung und der Vorzug ihrer Schule lag.

LIX. In der That musste die stetige Verfolgung dieses Weges zu einer bisher unbekannten Vertiefung und Erweiterung der Rechtswissenschaft führen, durch diese wissenschaftliche Ueberlegenheit aber die Bologneser Schule sehr bald einen gewaltigen Vorsprung vor allen anderen damaligen Rechtsschulen erhalten. Mehr und mehr musste sich die allgemeine Meinung bilden, dass wirklich gründliche und gediegene Kenntniss des römischen Rechtes bloſs in Bologna zu gewinnen sei.[e] Dazu

---

abweichenden Sätze der früheren Rechtsliteratur auf den Mangel gehörigen Quellenstudiums begreift sich nun auch leicht der Bericht der Ursperger Chronik (s. o. XLIX): Irnerius habe das Studium jener Gesetzbücher, welche seit langer Zeit vernachlässigt und von Niemandem studirt worden wären, erneuert.

[d]) S. Landsberg S. 15 fg. So folgte z. B. in Ansehung der oben LVII. b zuletzt erwähnten Streitfrage Martinus der Ansicht des dort genannten Institutionencommentars, während Bulgarus und, was sehr bezeichnend, schon Irnerius die entgegengesetzte, der strengen Rechtsconsequenz entsprechende Meinung vertraten. S. Glosse zu L. 1 D. de furtis 47, 2 bei Savigny IV. Anh. II. Nr. 28 (S. 464), Dissens. Domin. Vet. Coll. §. 61, Rog. §. 31 (ed. Haenel. p. 48. 94).

[e]) Dies wird kenntlich angedeutet in Epist. CXL. des Petrus Blesensis (Patrologiae accur. Migne tom. CCVII. col. 416 sqq.). Er räth einem englischen Cleriker Petrus, mit Verzicht auf die für das Seelenheil gefährliche Rechtswissenschaft sich ganz der Theologie zu widmen, und macht dabei die auch in anderer Hinsicht interessante Bemerkung: »Vides,

kommt, dass die Politik Friedrich's I. der in Bologna herrschenden Richtung günstig war und günstig sein musste. Denn bei den ständigen Streitigkeiten mit dem Papste und gegenüber den lombardischen Städten, welche nach Unabhängigkeit strebten und ein Recht der Krone nach dem anderen an sich gerissen hatten, gab es für ihn keinen besseren Halt als das Feststehen auf dem Buchstaben des bestehenden Rechtes und insbesondere die Berufung auf das in seinem ursprünglichen Sinn verstandene Justinianische Recht. Kein Wunder daher, dass er zu dem Roncalischen Reichstage gerade die Bologneser Rechtslehrer berief, und dass er diese auch sonst in jeder Weise begünstigte und auszeichnete.

Berücksichtigt man noch die starke Anziehung, welche das römische Recht so, wie es namentlich in den Justinianischen Digesten behandelt ist, und wie es demgemäfs auch zu Bologna behandelt wurde, auf die damaligen Geister übte,[b] so ist es erklärlich genug, dass immer

---

quam imperscrutabilis abyssus, quam dumosa silva, quam immeabile pelagus sit Pandecta, in qua civile ius continetur, cui tota aetas hominis non sufficit, cuius fructus totus in elatione et ambitione consistit. Verbum autem abbreviatum fecit Dominus super terram, ut propter scientiam salutis et vitae iam te transalpinare non oporteat aut maria transmeare.«

[b]) Sie erhellt in sehr merkwürdiger Weise aus der Epist. XXVI. des Petrus Blesensis (l. c. col. 91 sq.). Er hatte um 1160 in Bologna das römische Recht studirt (Hist. litér. de la France tom. XV. p. 342), war dann aber nach Paris zurückgekehrt, um Theologie zu studiren. Dies meldet er einem Freunde und verhehlt dabei nicht, ein wie grofses Opfer persönlicher Neigung dieser Wechsel von ihm forderte. So sagt er unter anderem: »Vester vobisque devotissimus operam theologiae Parisiis indulgeo, Bononiensis castra militiae crebro suspirans, quae vehementer amata citius et praemature deserui. — — Lex equidem saecularis gloriosa supellectili verborum lepidaque orationis urbanitate lasciviens me vehementer allexerat et inebriaverat mentem meam. Sed abhorret propheta aureum calicem Babylonis, ubi designatus est lepor eloquentiae aedificans ad gehennam. Adhuc tamen, quia nondum dilatavi gressus meos in lege Domini, lectioni Codicis et Digestorum plerumque ad solatium, non ad usum, tempus vacationis impendo. Res plena discriminis est in clericis usus legum; totum enim hominem adeo sibi vindicat, ut eum rei familiaris providentia fraudet, suspendat a spiritualibus, a divinis avellat.« Etc. Aehnliches enthält die in der vorigen Anm. erwähnte Epist. CXL. Angesichts solcher Aeufserungen versteht man, warum seit

grösere Schaaren von Scholaren aus allen Theilen des Abendlandes, insbesondere auch aus Deutschland,[e] nach Bologna strömten, um dort eine gründliche juristische Ausbildung zu erlangen und die Kenntniss des römischen Rechtes aus der allein unbedingt lauteren Quelle zu schöpfen. Bei der schon erwähnten Annehmlichkeit des Ortes hatte das ja überdies durchaus nichts abschreckendes. Es ist eben so erklärlich, dass zufolge dieses starken Zuflusses von Studirenden die Ansichten der Bologneser Juristen mehr und mehr auch in der Praxis zur Geltung kamen, und dass ihre Schriften zuletzt alle anderen in den Hintergrund drängten und für die weitere Entwickelung der Rechtswissenschaft zur allein maßgebenden Grundlage wurden. Nur sehr wenigen Erzeugnissen der vorbolognesischen Rechtsliteratur, wie namentlich dem Brachylogus, gelang es, auch unter dem Drucke der Glossatorenliteratur sich in dauerndem Gebrauche zu behaupten; einen merkbaren Einfluss auf die Gestaltung der späteren Rechtswissenschaft haben sie aber nicht geäußert.[d]

1131 den Geistlichen das Studium des römischen Rechtes in immer nachdrücklicherer Weise und immer weiterem Umfange verboten wurde, und weshalb im J. 1219 der Papst Honorius III. die Lehre des römischen Rechtes zu Paris, dem Sitze der vorzugsweise theologischen Hochschule, sowie in der nächsten Umgebung gänzlich untersagte. Vgl. Savigny III S. 363 ff.

[e]) Die deutsche »Nation« der Scholaren, welche bis zum Jahr 1796 fortbestand, hatte vor allen anderen in Bologna große Vorrechte. Vgl. Savigny III. §. 71, Car. Malagola in Acta nationis germanicae universitatis Bononiensis (Berol. 1887) p. XXVII. sqq.

[d]) Dies gilt aber eben nur von dem Einflusse auf die Rechtswissenschaft. Auf die Fortbildung des Rechtes hat der Brachylogus mindestens im südlichen Deutschland eine gewisse, wenn auch freilich nicht sehr weitgehende, Einwirkung dadurch geübt, dass er nebst seinen alten Glossen, wie sie in der Vaticanischen Handschrift stehen, eine der Quellen des Schwabenspiegels gewesen ist. Vgl. Zusatz von Merkel zu Savigny II. §. 91 in Savigny VII. S. 69 fg. Beiläufig bemerkt, scheint auch der systematische Petrus zu den Quellen des Schwabenspiegels zu gehören; denn die fast wörtliche Uebereinstimmung von Schwabensp. 44 im Eing. (Ausg. v. Lassberg) mit Petr. IV, 3: — »vel secundum patriae probabilem consuetudinem, hoc est quae bonis moribus contraria non sit; ea enim — — non habet minorem auctoritatem quam lex scripta« kann nicht wohl eine bloſs zufällige sein.

LX. Der Ruhm der Bologneser Rechtsschule kann, aus diesem Standpunkte betrachtet, gewiss nicht als verringert erscheinen. Denn wenn sie im Kampfe mit einer ganz entgegengesetzten Zeitrichtung schliefslich den vollständigsten Sieg davongetragen und selbst die Anfangs widerstrebenden Schulen gezwungen hat, in ihre Bahnen einzulenken, so ist dies sicherlich ein ungleich gröfseres Verdienst, als wenn ihre Erfolge, den bisher verbreiteten Ansichten gemäfs, doch hauptsächlich nur der Gunst des Zufalls, nämlich der zu Bologna geschehenen Entdeckung der Justinianischen Gesetzbücher oder eines Theils derselben, zuzuschreiben wären.

Fragt man aber endlich nach der tieferen culturgeschichtlichen Bedeutung des durch ihr Eingreifen auf dem Gebiete der Rechtswissenschaft bewirkten Umschwunges, so erscheint er nur als eine einzelne Seite der folgenreichen Bewegung, welche seit dem 12. Jahrhundert nach und nach auf allen Gebieten des geistigen Lebens, der Wissenschaft wie der Kunst, mit unaufhaltsamer Naturgewalt zum Durchbruche kommt, nämlich der Abwendung vom Mittelalter und der Rückkehr zum Alterthum. Die richtige Einsicht in die Geschichte der Bologneser Schule ergibt sonach als ihr leuchtendes Verdienst, dass sie an der Spitze dieser Bewegung stand und dieselbe weit früher, als dies für irgend ein anderes geistiges Gebiet geschah, für die Rechtswissenschaft nicht blofs angebahnt, sondern vollkommen durchgeführt hat. Und wenn man jene Bewegung als die Renaissance, also die Wiedergeburt der Kunst und Wissenschaft, zu bezeichnen pflegt, dann hat auch das Werk der Bologneser Rechtsschule noch immer, allerdings in einer anderen als der bisher damit verknüpften Bedeutung, vollen Anspruch auf den Namen einer

Wiedergeburt der Rechtswissenschaft.

Druck von Leonhard Simion, Berlin SW.

Kolibri 360 GmbH
Ferdinand-Jühlke-Straße 7
99095 Erfurt, Deutschland
produktsicherheit@kolibri360.de